進化する
全身落語家

時代と芸を斬る超絶まくら集

立川志らく

竹書房

まえがき

進化する全身落語家の〝まくら〟の進化

立川志らく

まくらに関しては、そんなに深く考えてはいないのです。

思い付きで、当日、国立演芸場に来る車の中で考えたり、ウチで一所懸命、稽古してというのがないので、周りの演者からは、

「よく出来るなぁ」

って、言われるけれど、それはテレビのコメンテーターみたいなものを始めて、月金で年間、二百何十回。さらには、『グッとラック！』を演《や》っているときなんかは、それのかける倍、五百回くらい、生放送でコメントを求められて喋っていました。だから、なにか出来事があったら漠然とでも喋ることが出来る訓練になっていました。ですので、昔よりも、まくらに関してはラフになったっていうことですね。つまり、今のまくらは、作り込んでいません。

若いときは比較的に作り込んだものをまくらとして、演っていました。いろんなところ日本全国を回っていたときに、自分のネタのまくらのギャグとして成立したのですね。

ところが漠然と喋っていると、今回、自分で読み返してみて、

「あ、こんな噺をしていたんだ」

ほとんど記憶に無いものまで、あったりする。それが果たして良いのか、悪いのか。……わたしは、良いことだと思っています。

というのは、わたしが若い頃に、例えば談志が高座に上がって、その日思ったことをラフに喋る。それがもっとラフになると、小三治師匠みたいに1時間以上、別にギャグがなくても、

「このあいだ、ここへ行ってきた」

「こんな歌が好きだ」

と、いう内容を、ぼそぼそぼそぼそ喋って、それが「まくら集」っていう一つの作品になっちゃうくらい……。それは、自分には到底出来ないことだなぁっていう感覚でした。

でも、『らく塾』っていう、自分がずっともう20年近くやっている塾では、出来ていたのです。志らくを本当に好きな生徒が20人、30人ぐらいしかいない。皆、

高いお金を払って来てるから、そこで2時間ぐらいラフで喋ることは出来たけど、やっぱり高座となると、それはいくら独演会でも、初めて志らくを聴くっていう人も出てくる。それが一期一会という貴重な縁になってくると、漠然と思い付きで喋ったものっていうのは、

「ちょっと、怖くて（高座に）かけられない」

と、思ったんですよね。

「いつ、高座で、ラフに喋るマクラが出来るようになるのだろう？」

と、考えていたときに、テレビのコメンテーターの仕事を、２０１６年頃から演るようになって、ラフに喋ることが出来るようになってきたってことですね。

だから今回、読み物としては、自分で喋ったんだけど、新鮮に読むことが出来た。という、わたしがラフに喋る進化が、この本には綴られています。

２０２２年10月13日　国立演芸場楽屋のインタビューより

編集部よりのおことわり

◆本書に登場する実在の人物名・団体名については、一部を編集部の責任において修正しております。予めご了承ください。

◆本書の中で使用される言葉の中には、今日の人権擁護の見地に照らして不当・不適切と思われる語句や表現が用いられている箇所がございますが、差別を助長する意図を以て使用された表現ではないこと、また、古典落語の演者である立川志らくの世界観及び伝統芸能のオリジナル性を活写する上で、これらの言葉の使用は認めざるをえなかったことを鑑みて、一部を編集部の責任において改めるにとどめております。

目次

まえがき　立川志らく　3
編集部よりのおことわり　7
談志のアドリブ　13
ギリシャ危機を例えると　23
1回読んだだけで覚えちゃう　29
『男はつらいよ』とわたし　33
真実の『赤めだか』　39
不謹慎なことがあっても、人々は笑う　47
さんぼうとは？　57
鉄拐という噺　61

恐れ多くも、談志の十八番 65
わたしがテレビに出る理由 71
人生を賭けた博打 85
小さんと談志が入った身体 89
二つ目の喜び 97
『ひるおび』の人? 101
マナーの悪い奴を田舎者と定義づける 113
志ん駒師匠の思い出 119
落語界のパワハラ 125
『庖丁』の云われ 135
お客をマニアックに掘り下げていきたい 139

10年経つと、こんなに変わる 147
わたしと談志とは、全然違う 155
江戸っ子の生まれ損ない金を貯め 169
異論と反論の日々 175
三代目三遊亭金馬の『藪入り』 183
無くても無くてもいい仕事 189
ユーチューブ、はじめました 201
本当は落語なんか演っている場合ではない 211

解説　広瀬和生 218

QRコードの使い方 222

談志のアドリブ

２０１５年４月13日　第２回　立川志らく落語大全集　国立演芸場　『たらちね』のまくらより

【まくらの前説】

寺社連続油被害事件……２０１５年春から２０１７年にかけて近畿地方を中心とした神社の国宝や重要文化財に油などの液体が撒かれ汚損された事件。

世間では、今日なんかもやっていましたが、寺だとか神社に油をかけるというのが、流行ってますけれども、まあ、単なる悪質な悪戯なのか、……一説に海外の、特にインドあたりの観光客が撒いているのではないかと。というのは、非常にその油が良い匂いがして、アロマの香りがするんです。で、インドやなんかでは、石像だとか仏像に油をかけて、良い香りのする油をかけて、こうやって拝むという、そういう習慣があるから、もしかしたらインドの観光客が油をかけて拝んでいるのかも知れないと。そんなのも、一説がありますけれども。それだったらもっと昔から日本中どこのお寺に行っても油だらけになってなくちゃ不自然《おかし》いという、そんな気持ちもありますが……。でも、一理ありますね。日本人なんかも、中にはね、神社に行きますとやたら千社札を貼りたくなる。アンコールワットに行って貼ろうとした人が居るぐらいですから(笑)。

わたしなんかも、ニューヨークの大きな寺院に行ったときに、『ゴッドファーザー』[*1]のロケで使われたニューヨークのマンハッタンど真ん中にあるセントパトリック大聖堂[*2]というところに行ったときに、寄付を募る、こういう受け皿があるんです。まあ、日本人はお賽銭などを持って、入れる訳です、で。拝む。これは、同じなんです。で、1ドルよりも下のお金っていうのは、もう1セントとか5セント、これはもうドンドンドンドン貯まっちゃって、日本に居る

[＊1] ゴッドファーザー…マフィアの栄枯盛衰を描いた1972年のアメリカ映画。監督・フランシス・F・コッポラ。意味は〝名付け親〟とされている。

ときよりも貯まる。それは言葉が出来ないから、とりあえずなんでも細かいのは出さずにこうやるから、もう、ジャラ銭《せん》が多くなって、これは日本に帰っても換金してくれませんから、どうにもなんない。

「ちょうどいいや」

と思って、お賽銭に片っ端から1セント、5セント、もう、バシャバシャ入れたら、お寺の坊主に、

「いい加減にしろ！」

って、怒られましたけど（笑）。

「1ドルより下は、入れちゃいけないんだぁ！」

金を恵んでやって、何で怒られなくちゃいけないんだ（爆笑）。そんな、やっぱり習慣が違うとそういうことがあるんでしょうけど。

まあ、あと、大きな事件というのは、子供が蹴ったボールがバイクで通りかかったお爺さんに当たって死んじゃって［*3］、これは親の責任なんかどうかと、結局親の責任ではないという結論が出ましたけれども……。

そりゃそうですよね、学校で遊んでいて、ボール蹴って、サッカーのボール蹴って、それがヒューッと飛んで行って、お爺さんに当たって転んで、それで死んだ訳じゃない。入院をして、1年半後に、まあ、他の病気で死んだ訳です。なの

［＊2］セントパトリック大聖堂…カトリック教会の中でも最も権威のある大聖堂。同名の大聖堂はアイルランドのダブリンとオーストラリアのメルボルンにもある。

［＊3］サッカーボール訴訟…2004年愛媛県の小6少年の蹴ったボールをよけて転倒し骨折した85歳老人が翌年肺炎で死亡。少年の親に賠償金支払いを命じた1、2審の判決がこの年に棄却された。

に、最初の内は、「親の責任だ」なんてことを言われて、親の責任だと言われりゃ、そんな丈夫な子を産んだおめえが悪いぐらいなもんで（笑）、まあ、普通に考えたならば、そんなところでサッカーゴールを拵えた学校が悪い。あるいは、そんなよく飛ぶボールを作ったボール会社が悪い（笑）。あるいは、そんな八十過ぎのお爺さんにバイクを売ったバイク会社が悪い（笑）。もっと言えば、そのお爺さんをバイクに乗せて見送った家族が悪い。何が悪いのか分かんなくなっちゃう。こういうのをいちゃもんだと思いますけれども……。

談志なんざぁは、酷いもんでしたよ。談四楼［＊4］師匠がまだ前座修業をしているときに、談志の家の隣のところから、木が生い茂って、落ち葉がいっぱい談志の家の庭にね、もう、こうねぇ、それが汚くてしょうがないから、談志が当時の談四楼師匠に、

「う～、なんでもいいから、隣の木を切り倒してこい！」（爆笑）

って、こう言ったんですね。と、前座ですから「いや」ってことは言えないので、談四楼師匠は夜忍び込んで、のこぎりを持って行って（爆笑）、その家の木を切り倒したんです、本当に（笑）。そうしたら、その家の親父が怒鳴り込んできて、そりゃぁそうですよ、犯罪ですからね（爆笑）。

「何てことをしてくれるんだぁ！　オタクの弟子がねえ、ウチの木を切り倒した

［＊4］談四楼…立川談四楼。1970年立川談志に入門、1983年落語協会の真打昇進試験に不合格。これをきっかけに談志は協会を脱退、立川流を創設。同年真打昇進。作家としても活躍中。

あ！」

と、談志が、

「うぅん、いやいや、俺の命令じゃねぇ。弟子がなぁ、勝手にやったことだから」（爆笑・拍手）

で、さすがに談四楼師匠も、全部自分のせいにされちゃうから、

「いや、師匠、師匠が切れと言ったから」

と、思わず言っちゃった。そうしたら、

「馬鹿野郎！　誰が切れって、そう言ったんだよ！　いやいや、『落ち葉が邪魔だから、ちょっと枝を払え』と言っただけ」（爆笑）

って、もう、滅茶苦茶だ（笑）。まあまあまあ、そういうものが世の中なのかも知れませんけれども。

え～、一席目は『たらちね』［＊5］という、これは先ず演《や》らない落語で……、演らないというか、一時《いっとき》大嫌いで、二つ目の頃、

「こんな噺を演る奴の気が知れない」

なんて、平気で言ってたぐらいで。前座の頃に、まあトラウマになったんでしょうかねぇ、わたしが『道灌』［＊6］って噺を一席、初高座でかけたときに、本

［＊5］たらちね…丁寧な漢語で話すお嬢様が乱暴な江戸っ子に嫁いだら大変、という演目。

［＊6］道灌…太田道灌のエピソードを頓珍漢になぞり笑わせる、という演目。

やなんかにも書きましたけど、談志が、誉めてくれて、

「上手い！　おまえは。『道灌』、こんなに上手く語れる前座は見たことがねぇ」

（笑）

って、誉めてくれて、で、調子に乗って、『たらちね』を演ったならば、終わったあとに談志が、

「頼むから、もうちょっとちゃんと演ってくれ。俺が誉めていることが恥ずかしくなる」（笑）

って、こういう風に言われたことがあって……。

「ああ、よっぽど酷かったんだなぁ」

って、それ以来トラウマになって、前座のときは、もう『たらちね』を一遍も高座にかけることはなかったですね。あとは、二つ目の頃も一度もかけずに……、真打の頃、確か場所はここですけれども、シネマ落語でもって、『マイ・フェア・レディ』［＊7］というねえ、まあ、貧乏な花売り娘が社交界にデビューしていく、淑女になっていくという映画がありますけれども、その、『マイ・フェア・レディ』をシネマ落語で演ったときに、前振りで『たらちね』を演って、言葉の丁寧な女がやがて、ガサツな長屋のおかみさんになっていくという（笑）、逆、『マイ・フェア・レディ』を語りました（爆笑）。そのときに語ったぐ

［＊7］マイ・フェア・レディ…1964年オードリー・ヘップバーン主演のアメリカ・ミュージカル映画。アカデミー作品賞受賞。

らいですね。だから、もう、十何年、『たらちね』という噺は演ったことがございませんけれども……。

直接、談志が談春［＊8］兄《あに》さんに教えているのを側《そば》で聴いていて、覚えた落語ですね。それで、談春兄さんが型通りに演ったら、談志が、

「その型通りは、あんまり面白くないんだ。もっとリアルに出来るようにしなくちゃいけねぇからな。ちょっとアドリブで演ってみよう。俺が隠居でな。談春《はる》、お前が八五郎だ。志らく、お前は見てろ」

それで、アドリブで演ってましたよ。で、談春兄さんが、

「こんちはぁ」

なんか言ったら、談志が、

「ううう、誰だ？」

「ええ、八公です」

「あぁ、そうか、俺は隠居だ」

って、訳が分からない（爆笑・拍手）。そんなアドリブですよ。だから、談志のアドリブも大したことはない（爆笑）。

「八五郎だ」

「俺は隠居だ」


［＊8］談春…立川談春。1984年立川談志に入門、1997年真打昇進。2008年著書『赤めだか』がヒット。俳優としても活躍している。

って、言っている（笑）。で、凄かったのが、談志が、

「八公、おめぇ、あのう、何しに来たんだい？」

「いやぁ、あの、呼ばれたから……。呼ばれたから来たんですよ」

「あぁぁ、俺がおめぇを呼んだから、呼んだから、来いと、そういうことなんだ」

なんか、たどたどしくなって（爆笑）。で、談志が続けまして、

「本当におめぇ、来たかったのか？」

「呼ばれなかったら、おめぇのところに来ねぇ」

って、談春兄さんが（爆笑）。そのときは流石に談志が真顔になって、

「凄いことを言うね、コイツ」（笑）

って、言ってましたけど。それを傍らでずっと聴いておりました。そんな思い入れのある前座噺でございます（笑）。

「御隠居さん、こんにちは」

「おうおうおう、八っつぁんか？　うん、うん、あたしは隠居だ。まあ、いい（爆笑・拍手）。こっちへおあがり」

「へっへっへ、どうも、何かあの、ご隠居さん……」

……第一これ、御隠居じゃないですね。今、演っていて気がつきましたけど、

……大家さんなんです（爆笑）。そのとき何故か談志はねぇ、大家をご隠居でずっと通していたんですね。それでねぇ、途中でねぇ、

「おかしいなぁ……、これは大家の筈なんだけどなぁ」

それが談志が演っていて、途中で気がついたんですね、自分で。

「うんうん、……あれ？　今、確かに隠居と言ったけどなぁ、まあ、大家でもあるんだよ（爆笑・拍手）。まあ、別に間違いじゃない」

って、大きな間違いですよ（笑）。え〜、それが頭にあったんで、今、思わず隠居と言ってしまいました。やり直します（笑）。

「大家さん、こんにちは」（笑）

「あぁ、ぁ、私が大家です」（爆笑）

「じゃねぇかと思ったんですけど、あの、大家さんが呼んでいるって言うから来たんですけれども、何か用ですか？」

「まあまあ、そこへ座んなさい。うん、あたしゃぁねぇ、長屋三十六軒、いろんな男がいるけれども、あたしゃぁ、お前が一番好きだ」

「（照れて）あはは、そうですか……。ホホホ」（笑）

「なに、乙女みたいになっているんだ？　その好きじゃないんだがな。うん、まぁ、独り者は大勢いるんだけれども、うん、お前さんもねぇ、そろそろ身を固め

たらどうかと思ってね?」

「……はぁ、身を固める?　どういうことですか?」

「うん、だから、カミさんを持たないかと」

『たらちね』へ続く

ギリシャ危機を喩えると

２０１５年7月13日　第3回　立川志らく落語大全集　国立演芸場『幇間腹』のまくらより

【まくらの前説】

ギリシャ危機……２００９年の政権交代で、旧政権が隠ぺいした財政赤字が発覚。新政権から財政健全化政策が発表されるが、経済成長率などが楽観的な内容でギリシャ国債が格下げとなり、ヨーロッパ各国の国債の価格と通貨ユーロの下落を招いた。

え〜、国立競技場［＊1］が2千5百億円を使って、凄まじく贅沢な便器を拵えることで（笑）、それでもう持ちきりでございますけれども、そんなにお金を使ったって殆どの人が、「もっと他に使い道があるだろう」と、……幾ら器を立派にしたって中身がセコかったらどうにもならない訳ですから……。

あとは大塚家具がまた揉めたり（笑）、……よく分からないのがあのギリシャ危機ってのが、池上彰さんなんかに訊かないとよく分からないですね。別にギリシャ……、他所《よそ》の国のことなんかどうでもいいんですけれども……。

あのギリシャの国民というのは、結構能天気で、落語家的なところがあるんでしょうね。だから、分かり易く言うと、立川流をクビになった快楽亭ブラック［＊2］さんが、ギリシャみたいなものですよ（爆笑）。元々ブラックさんは若い頃、立川談志の通帳から金を勝手に引き出して（笑）、で、競馬で使って、儲かったら元へ戻すっていうこの繰り返しをずっとやって、これはあとでちゃんと記録が残りますから、談志に見つかって、

「お前は破門だ」と言って、大阪に飛ばされた。それから、「また、談志の下《もと》へ戻りたいんです」と、要は、ギリシャが、「EUに入りたいんです」みたいな感じで（笑）、こう来る訳ですよね。でまぁ、EUのほうも、

「借金がまぁ、2〜3パーセントまでなら、イイけれども、え〜、どうなんだ

［＊1］国立競技場…旧・国立競技場の老朽化対策と2020年東京オリンピック・パラリンピックの主会場とする為に、2012年より新・国立競技場の仮称にて建設事業が着手された。

［＊2］快楽亭ブラック…1969年立川談志に入門、1992年16度の改名を経て、真打昇進しこの名を襲名。

い?」

って、実際は十何パーセントあるのに、「ええ、ええ、大丈夫ですよ」って。

快楽亭も、談志から、

「借金やなんかは無いんだろうな? もう博打はやっていないんだろうな?」

「えええええ、借金は精々2、30万……」

実は1千万ぐらいあって(笑)、で、上手い具合に誤魔化して、それで、こう、立川流の一味になって、それでまた博打をやり放題、金を借りて、要は借りた金を返さないといけないから、こっちからまた借りて、こう、返す。ギリシャも同じですよね。借金を要は自転車操業のように、国家でそれをやってグルグルグルグル回して、あるときそれがEUに見つかってしまう訳ですよ。ブラックさんの場合も、立川流の顧問の吉川潮[*3]先生に見つかってしまって、それで、吉川先生が、「幾らか助けてあげるよ」と。

で、まぁ、ギリシャのほうもドイツが、

「幾らか、まぁ、出してあげるから(笑)、だからもう、博打なんかやるんじゃないよ。もっと倹《つま》しく真面目に暮らしなさい」

「ええ、そうでゲスか」(笑)

なんてんで、ブラックさんも最初のうちはおとなしくやっていたんだけれど

[*3] 吉川潮…演芸評論家、小説家。2014年に立川流顧問を辞任。

も、周りのファンが、

「ブラックさん、それはダメだよ。あなたはねぇ、破滅型芸人なんだからもっとウワァーッてやって、博打をやらないと」（爆笑）

って、

「そうだ、そうだ、何が立川流だ！　何が吉川潮だ、この野郎。ウワァー！」

てのが、今回新しくなったギリシャの政権です（爆笑・拍手）。ウワァーッとこう盛り上がっている。それで、ＥＵが怒り出して、「どうするんだ？」と。

で、国民投票をしようということになって、それで、結局ギリシャのほうは、賛成派が多数だったんで、要はＥＵに残ることになって、ブラックさんのほうは反対派が多数だったんで、立川流から追い出されるという（爆笑）。もう、何を言っているんだか、訳が分からなくなりました（笑）。説明すればするほど、分からなくなる。

要は、芸人というものは実に破滅的にいい加減なところがあって、今日は幇間《たいこもち》［＊4］がテーマでございますが、幇間的なところもあるんでしょう。相手に合わせて、いい加減なことを言って、で、結局最後はどうにもならなくなってしまうという。幇間というのはもう殆ど、日本に数人しか残っておりませんけれども、先輩の談四楼師匠がある座敷で幇間と一緒になって、で、お客さんを前に談四楼

［＊4］幇間（たいこもち）…話芸や技芸を用いて宴席等で客の機嫌をとる職業。男芸者とも言われる。

師匠はいろんなトークでもって楽しませて、で、幇間は何もせずにボンヤリと座っている。で、談四楼師匠がこうやって、

「あなた幇間なんだから、もっと、こうねぇ、いろいろ喋って……」

「いやぁ、……あたしは、あの、無口なんです」

嫌な幇間があったもんだ（爆笑）。

まぁ、要は、逆らわないのが、幇間の信条でございまして……。

「ヨォッ！　一八《いっぱち》ぃ！」

「……あはは、どぉーも！」

「いやぁ、今日はいい天気だなぁ？」

「いいぃーお天気でございますねぇ。十年に一度の日本晴れ」

「だけど、雨が降りそうだ」

「あの雲が怪しいんですよ（笑）。ええ、あれがずぅーっと広がってねぇ、もう、豪雨になるんじゃないかと思って……」

「腹が減ったなぁ？」

「ぁぁぁ〜、ペコペコですねぇ。お臍と背中がくっついた─なんという歌がありますけれども、もう、あたしはお臍と背中が逆転してしまって、もう、どっちが前で、どっちがうしろか分からない状態ですから」

「どうだい、蕎麦でも食おうか？」

「イヨォーッ！　蕎麦、結構！　江戸っ子ですなぁ、ツツツーなんて二八蕎麦ぁ！」

「俺はうどんのほうが好きなんだよ」

「あたしもなんですよ（笑）。ねぇ、江戸っ子ではございますけれども、根は関西人でございますから……」（笑）

「どっか行こうか？」

「イヨッ！（扇子を打つ）行きましょう！」

「いやぁ、止《よ》そうか？」

「じゃぁ、帰りましょう」（笑）

なんて、これが幇間の本質でございまして……。この幇間を肴に苛めるのが大《たい》家《け》の若旦那で、この若旦那が鍼に凝ったなんていう噺があって、

「あ〜、面白くないなぁ〜」

『幇間腹』へ続く

1回読んだだけで覚えちゃう

2015年7月13日 第3回 立川志らく落語大全集 国立演芸場『鰻の幇間』のまくらより

【まくらの前説】

大河ドラマ、幇間《たいこもち》……毎回テーマを決めて開催される『立川志らく落語大全集』で、この回は幇間が登場する落語を三席口演する独演会だった。演目は、口演順に、『幇間腹』、『鰻の幇間』、『ちきり伊勢屋』。

え〜、16年かけて二百三席を演《や》るという狂気の沙汰の会でございますから、そりゃぁ十八番の噺ではないものもあるし、覚えていないのもあるし（笑）、面白くもなんともない演るだけ無駄のような落語も当然たくさん出て来るんです。『鰻の幇間』［*1］ってのは、その一席ですね。プログラムにも書きましたけど、なんか覚えたことがあるような、演ったことがあるような、しかし、記録を探してみても演ったことがない。じゃぁ、喋れるか？　1回、こう、演ってみたら、何も喋れない。出だしがなんにも出てこない。ということは、覚えていないんでしょうねぇ。

「どうしよう。どうしよう」

と考えているうちに、ええ、あの、11日になって、……11日、鹿児島で独演会があったんで……、え〜、飛行機の中で覚えました（笑）。

わたしの覚え方ってのは、実にね……、

「師匠、どうやって落語を覚えるんですか？」

そりゃぁ、若いうちは、ちゃんとお師匠さんに教わって、一所懸命覚えて、師匠の前で喋って、それで、

「もういいよ」

「ダメだよ」

［*1］鰻の幇間…幇間がうろ覚えの客にごちそうになろうとしたが、逆に奢らされてしまうという演目。

なんてことを言われて、あがった［＊2］んですけれども……。真打以降になると、もう実に自分の才能を過信しているのか、どういう覚え方をするかというと、……昔は、いろんな人のテープをこう聴いてね、で、1回聴くと大抵もう覚えちゃうんです、わたしの場合は。1回聴けば、どんな長い噺も1回聴いただけで、それが『双蝶々《ふたつちょうちょう》』［＊3］だろうが、なんだろうが、1回聴いただけで、もうすぐに喋れるようになるんですね。最近は聴くのも面倒くさくなっちゃって、落語全集かなんかを引っ張ってきて、だから鹿児島行きの飛行機の中で、興津要《おきつかなめ》［＊4］の落語全集を持って来て、

「あっ、『鰻の幇間』だ」

バァーッと読んで、

「あ、覚えた」（笑）

もう、ここへ……、1回読んだだけで覚えちゃう。そりゃぁ、あの、才能なんでしょうね（爆笑）。その直後に、普通に出来るんです。で、普通に演っただけだと面白くないから、そのあと2日間かけて、

「あそこを、ああしよう、こうしよう」

って、演出を考えたり、ギャグを考えたりして、拵えていくんですけれども、おそらくネタ下ろしになるような噺で……。

［＊2］あがった…演目を教えてもらった師匠の前で喋り、その落語を人前で喋っても良いという許可をもらうことを「あげる」という。

［＊3］双蝶々…三遊亭圓朝作と言われている長編人情噺。子供の頃から悪事を重ねた男の人生を描いたもの。タイトルは歌舞伎の演目から拝借したようだが内容は全く違う。

［＊4］興津要…落語研究家、近世文学研究家、早稲田大学名誉教授。1999年逝去。

まぁ、幇間《たいこもち》ってのは、客のことを尊敬はしていない。どっかで馬鹿にしているんでしょうね。で、この幇間が客のことを魚に喩えた。それで、往来で捕まえてヨイショをするのを、『陸釣《おか》り』。で、家まで乗り込んでいって、取り巻くのを『穴釣り』といったんだそうで……。

「暑いねぇ、どうも、あ〜、(扇子を使って) こう暑くちゃねぇ、堪らないなぁ。う〜ん、もう時分時《じぶんどき》[*5] だからねぇ。昼飯を食べないといけないんだけどね。まさかね、幇間が手銭《てせん》[*6] でもって昼飯を食べるなんてぇのはねぇ、こりゃぁ、もう、お終いだよ。幇間をやっている意味が無くなっちゃうからなぁ……」

『鰻の幇間』へ続く

[*5] 時分時…食事をする頃合い。

[*6] 手銭…自分の持っている金銭。

『男はつらいよ』とわたし

2015年7月13日 第3回立川志らく落語大全集 国立演芸場 『ちきり伊勢屋』のまくらより

【まくらの前説】

『男はつらいよ』……渥美清主演、山田洋次原作・監督のテレビドラマ及び映画シリーズ。主人公の愛称から「寅さん」シリーズとも称される。2011年1月6日から全50巻の隔週刊『「男はつらいよ」寅さんDVDマガジン』が講談社から発売された。

最近、妙に〝寅さん〟づいていて、前から〝寅さん博士〟だったから、『男はつらいよ』フリークとか言われて……。で、先月30周年第二弾を草月ホールで演《や》って、で、ゲストに〝さくら〟の倍賞千恵子［＊1］さんが来てくれて、高田文夫［＊2］先生の仕切りで三人で一時間ぐらいお喋りをして、あのときの高田先生は面白かったですねぇ。

　わたしが、ブルースハープ、ハーモニカをこう吹いて、『男はつらいよ』を吹いて、それに乗っかって、倍賞さんが出てくるという、そういう手順だったんですけど、高田先生が、

「ちゃんと『男はつらいよ』を吹けよ」

と、

「アントニオ猪木のテーマを吹いたならば、別の人が出てきちゃうよ」（笑）

という、かなりマニアックな……、妹が来ちゃうよという。そうしたら、倍賞さんが出てきて、

「どうも倍賞美津子です」

と、ちゃんと返すあたりが、面白かったですけれども。さんざっぱら寅さんの話をしてゲラゲラ笑って最後にわたしがハーモニカを吹いて、『さくらのバラード』という歌を倍賞さんが歌って、ゲラゲラ笑っていたら、高田文夫先生が舞台

［＊1］倍賞千恵子…女優、歌手。松竹歌劇団（ＳＫＤ）出身。『男はつらいよ』では寅さんの妹役を長くつとめた。

［＊2］高田文夫…放送作家、タレント。多くのバラエティ番組を手がけた。日大芸術学部の落語研究会出身で、落語に対する愛情も深い。落語立川流のＢコースで談志の弟子となり、高座名は立川藤志楼。

上でボロボロ涙を流して、え〜、泣いてしまったというのがございました。

それで、打ち上げには倍賞さんは出なかったんですけど、帰りがけ、車まで見送ったならば、

「志らくさん、また、いつかどこかで」

と、こう言って、スッと消えていったんですね。

「じゃあ、今度、倍賞さんとお逢いするのはいつだろう」

と、思っていたら、一ヵ月もしないあいだ、このあいだの9日です。ついこのあいだ。BSで『渥美清特集』というのがあって、第1回目が『長嶋茂雄特集』、2回目が『渥美清特集』。昭和の英雄たちの所縁《ゆかり》の人でトークをしようという2時間番組。そこのゲストで呼ばれて、で、メインのゲストは倍賞千恵子さん、〝さくら〟、それから、前田吟、〝博《ひろし》〟、そして、〝源《げん》ちゃん〟、佐藤蛾次郎という『男はつらいよ』生き残りチームでございまして（笑）、そこに福井さんというアナウンサーが居て、あと、わたしです。途中で、清水ミチコさんも入って来るんですが、まぁ、前半はこんだけ。

で、柴又にある『葛飾柴又寅さん記念館』。そこにちゃんとセットが残っていて、『くるまや』のセット、普段は一般の人は入れませんが、松竹が許可を出してくれたんで、そこに倍賞さんと博が並んで、源ちゃんが座って、それでわたし

が座ってという……。これはもうなんか、わたしも『くるまや』の家族になったような（笑）。で、

「初めてここへ座ります」

って、言ったら、源ちゃんが、

「儂《わし》も初めて」（笑）

ああ、そうだ。一度も中に入ったことはありませんから（笑）。で、まぁ、ずっと駄話をしておりました。始まる前は、高木屋さんという、まぁ、『くるまや』のモデルになった団子屋が参道にあって、そこで山田組はもう食べきれないというほどの御馳走を高木屋の2階で食べてからクランクインをする。

「今回もまったく同じにしよう」

と、もう、刺身からステーキみたいのからいっぱい出てきて、それを食って、もう、皆、

「もう、帰ろうよ」

みたいな（笑）、千代若・千代菊［*3］状態みたいになって、まぁ、収録をやりましたけれども。まぁ、ですから、もうずぅーっと寅さんづいていて……。

以前、所謂わたしの寅さん好きが出回ったのは、DVDマガジンの『男はつらいよ』が発売されて、わたしが解説を頼まれた。で、ただ、解説を喋っても面白

［＊3］千代若・千代菊…松鶴家千代若千代菊。昭和から平成にかけて活躍した夫婦漫才。亭主・千代若が漫才の途中「もう帰ろうよ」とぼんやりした口調で言い客を沸かせていた。

くないので、着物姿で寅さんのパネルを上手に置いて、下手《こっち》にマドンナのパネルを置いて、で、架空対談……、

「ねぇ？　寅さんどうですか？　今回の大原麗子さん、キレイでしょう？」

「37作、ゲストが……、う〜ん？」（笑）

そんなことを言ったりして、まぁ、それはカットになりましたけど（爆笑・拍手）。

まぁ、寅さんと架空対談をしたんですけど、北朝鮮の金正日《キムジョンイル》が大の『男はつらいよ』フリークで、フィルムですべて持っているんだそうですね。で、このDVDマガジンも全巻揃えたんだそうです。そうしたらば、朝鮮総連の人が言っていました。

「金正日はあのDVDを観て、オープニング着物姿で喋っている日本人が、『とっても面白い』と語った」（笑）

ですから、金正日は、わたしのファンだった（爆笑・拍手）。だから、これを談志に教えてあげたかった（爆笑）。散々、「金正日、万歳《マンセー》！」（笑）って、言っていた談志に、

「金正日は、志らく《わたし》のファンなんですよ」

って、死んだあとに分かったことですから、一番悔いが残りました（笑）。

ええ、まぁ、大変に『男はつらいよ』づいておりますので、今日はこれから『ちきり伊勢屋』[*4]という、まぁ、ただただ珍しくて長いという噺ですから、このあいだの『双蝶々』もそうだし、わたしが喋ると50分ぐらいかかる。ということは志の輔さんが演りゃぁ6時間ぐらいかかる（爆笑・拍手）。で、まぁ、これを普通に演っても、あんまり能のある噺ではございませんから、『男はつらいよ』の登場人物をすべて出して、それで皆さんに想像していただいて、映画を観たような気分になってもらおうという、そういう趣向でございます。

江戸時代、平河町、すぐそこでございますが、平河町に白井左近《しらいさこん》という易者がおりまして、これを演じておりますのが、初代おいちゃん〝森川信《もりかわしん》〟でございますなぁ（笑）。とにかくよく当《あ》たる易者でございまして……。

『ちきり伊勢屋』へ続く

[＊4] ちきり伊勢屋…長編人情噺の演目。金持ちの主人公が有名な易者の占いを信じたことにより、以後波乱の人生を送るという作品。

真実の『赤めだか』

2016年1月19日 第5回立川志らく落語大全集 国立演芸場『代書屋』のまくらより

【まくらの前説】

「テレビドラマ『赤めだか』」……落語家・立川談春の自伝的エッセイ『赤めだか』を、立川談志役にビートたけし、立川談春役を二宮和也、立川志らく役を濱田岳でドラマ化し、2015年12月28日にTBSで放送した。

え〜、今朝起きて、体調が悪くて七転八倒の苦しみで、お腹がパァーっと張って、まるで胃が痙攣するような、なにかこうガスが溜まっているみたいに、もう、苦しくて、苦しくて、

「今日はこれは独演会は中止だな」

と、秘かにニヤニヤしたりして……（笑）。え〜、で、便所に行っても、もうどうにもガスが溜まって出ないいんですね。腹を押そうが何だろうが、こう押しているうちに段々段々具合が悪くなって、今度は吐き気を催して、

「うわぁー！　うわぁ！　うわぁー！」

って、もう、一切出ないんですけれども、

「うぇー！」

っていう叫び声だけは、

「あぁぁーっ！」

って、30回くらい、

「うわぁぁぁぁ！」

ウチで飼っている犬がワンワンワンワンワンって吠えるぐらい（爆笑）、

「うわぁぉぁぉー」

って、「うわぁー」ってやっているうちに、ガスがサーッと出て、痛みが治っ

［＊1］落語のピン…1993年に半年間フジテレビの深夜枠で放送された立川談志の落語をメインにすえた演芸番組。

［＊2］団鬼六（だんおにろく）…小説家、映画プロデューサー。SM小説や官能小説の第一人者。立川談志とも親交が深かった。

たという……。要は、屁がケツから出ずに、口から出ていって治ったという（爆笑）。それでもう体調は元に戻りましてね（……笑）。

何故か、大御所の男性に好かれるんですよ……（笑）。まぁ、それは初めて言われたのは、テレビを観ていてですよ。『落語のピン』［*1］をテレビで観ていたら、談志が、

「志らくでも抱くか？」

って、びっくりしました（笑）。なんかそういう風に言われることがある。団鬼六［*2］先生、立川流のＢコース［*3］で、談志とも『美弥』［*4］っていうねえ、酒場でもって、談志と団先生と、それで、わたしと何人か居て、それで、団鬼六先生が、あの人はちょっと吃音の感じがあって、

「だ、だ、だ、だ、談志君っ！　志らくを縛りたい」（爆笑）

って、言われたときは、びっくりしました。談志がなんというのかなと思ったら、

「（談志の口調で）いーよ、縛って」（爆笑）

訳が分かりません。

まぁ、今年になって、『落語心中』［*5］っていうアニメの有名な声優が、わた

［＊3］立川流Ｂコース…立川流では談志が認めた有名人枠として入会金を払えば弟子になれ、落語家の名前がもらえるという制度があった。

［＊4］美弥…銀座六丁目のバー。立川談志が行きつけにしていた。２０１６年に閉店。

［＊5］落語心中…雲田はるこ作、落語界を舞台にした人間の愛憎劇の漫画『昭和元禄落語心中』のこと。文化庁メディア芸術祭マンガ部門優秀賞などを獲得。２０１６年テレビアニメ化で人気、２０１８年ＮＨＫでテレビドラマ化。

しの『死神』を使ってオーディションを受けたという。それによって立川志らくというのが、ヤフーだとか、ツイッターだとかの検索ワードで、急上昇になって、友だちから連絡がかかってきて、

「志らくさん、なにか犯罪でもした？」（笑）

「え〜？」

それくらい何かアニメが話題になっているみたいで……。もう一つはそれに乗っかって、年末の『赤めだか』ですか……（爆笑）、ねぇ？　ドキドキしながら観ました。原作を読んだときに、

「もう、勘弁してください。わたしがとんでもない悪役になっているじゃないですか？」

と、

「そんなことないよ」

って、言うけれども、皆が、

「志らくってのは、どんな嫌な野郎か？」

って、パソコンで検索したぐらいですから……。

そりゃぁ、『ウサギとカメ』の物語で、ドジで鈍間なカメが一所懸命努力している。そこへ、天才の速いウサギがこう来て（笑）、一所懸命カメが抜いていく

物語。誰が読んだって、わたしが読んだって、カメの応援しちゃう。これが、テレビドラマになったら、どれだけ、また、わたしの評判が悪くなるんだろうと思って、テレビの前でもうドキドキして観ておりましたならば、濱田岳という人が実に品良く演《や》ってくれたおかげで（笑）、二宮君を食ってしまって、

「志らくってのは天才だね。イイね、あのキャラクター」

って、わたしの評判が随分良くなった（笑）。実際のところ、あんなに品良く私は前座修業を積んでいた訳ではなく、おぼっちゃまみたいな恰好で、で、談志が、

「うぅぅ、オマエも築地［＊6］に行け」

って、言われて、

「嫌ですよ」

「破門だ」

って、言われて、

「破門も嫌です」

もの凄く男らしい……、実際は違います。

「（談志の口調で）うぅぅ、オマエもね、もう、ダメぇ。他の弟子と同じでね。ドジでね。何も出来ないから、オマエも明日から築地へ行け」

「（震えあがって）嫌……、それ嫌ですぅ」（爆笑）

［＊6］築地…立川談春作の『赤めだか』によると、師匠談志から築地で1年間修業してこいと命令され、実際に築地にあるシウマイ専門店で働いた、とのこと。

「じゃぁ、破門だぁ！」

「（泣きながら）破門も、嫌です」

って、返したら、

「ううう……、じゃぁ、しょうがねぇ……」

これが実情なんです（爆笑）。

「（濱田岳風に）ボクはやりたくないことはやらないんです」

そんなことは言っていないんです。談春兄さんに思いっきり脛を蹴っ飛ばされて、

「馬鹿野郎ぉ！　オマエも築地へ来い！　この野郎！」

あの人はあの頃から半分ヤクザですから（爆笑）、

「何でおめぇ、築地に行かねぇんだよ！」

もうねぇ、（正座したときの）膝小僧をどれだけ蹴飛ばされたか、で、こっちは涙を流しながら、

「だって、だって、行きたくないんですよ」

って、言ったのが実際ですから、あんなドラマは、違います。まったく違います。あんなねぇ、二宮君みたいに清々しい男じゃありません（爆笑・拍手）。半分犯罪者みたいな感じでしたからね（拍手）。

あのぅ、円楽党［*7］の楽春［*8］さんという人が、若竹［*9］っていう寄席が

［＊7］円楽党…現・五代目円楽一門会のこと。前身は六代目三遊亭圓生が創設した落語三遊協会、後に紆余曲折があり、この時期は「落語円楽党」と名乗っていた。

当時あって、そこへ談春兄さんが来て、お互いジーッと睨み合って、一言も会話が無かった。それで、この楽春さんという人は、本当にアラブ系の顔をしているんですよ（笑）。もう、イランヘ人そっくりなんです。だから、談春のほうは、

「何で、アラブの人みたいな前座がいるの？（五代目）圓楽師匠、こんな奴をとったのかな？」

って、じっと見て、で、楽春さんのほうは、

「何だぁ？　ヤクザが来た」

と、思って（爆笑）、ジィーッと見て睨み合いになった。そういう印象があったそうで、『赤めだか』は、全く違うなぁっと思いました。

本当に青春ドラマとして、美しすぎるんですね。もう、ビックリしたのが、（立川）談々という立て前座、のちに朝寝坊のらく［＊10］になって、酒で死んでしまいますが、彼が借金取りに追われていたという設定になっていて、それでもって寿司屋、さだまさしが演じている寿司屋の大将、あの人が皆に、

「二つ目になっておめでとう」

と、談春、志らく、それから関西の文都《ぶんと》［＊11］、談々に祝儀をあげるんですね。それで、帰り路、祝儀袋を懐に入れているんだけれども、談々さんが借金取りに追われているから、皆が祝儀袋を差し出して、

［＊8］楽春（らくはる）…三遊亭楽春、1985年五代目三遊亭圓楽に入門、1992年真打。

［＊9］若竹（わかたけ）…1985年に五代目三遊亭圓楽が東陽町に私財を投じて作った寄席。賛助会員として立川流の落語家も出演していた。1989年閉業。

［＊10］朝寝坊のらく…1983年立川談志に入門、前座名談々。1988年談春、志らくと二つ目に昇進し朝寝坊のらくと改名。後に廃業（時期不明）。

［＊11］関西の文都…当時、立川関西と名乗っていた後の立川文都。1984年入門、関西出身だったので関西という名になる。2009年逝去。

「兄《あに》さん、使ってくれよ」

「（涙ぐみながら）本当に、おまえたち、いいのかい？」

そんな思い出は全くありません（爆笑・拍手）。あの祝儀をもらったのは事実ですけれども、あの帰りに談春兄さんのウチに行って、

「博打をやろうじゃないか？」

って、ことになって、……（爆笑）。まぁまぁまぁ、言いたいこともたくさんありますが、今度『らく塾』のスペシャルっていうところで、「真実の『赤めだか』」と題して（爆笑・拍手）、講演会をやりたいと思っております。

『代書屋』へ続く

不謹慎なことがあっても、人々は笑う

2016年4月19日 第6回立川志らく落語大全集 国立演芸場『目薬』のまくらより

【まくらの前説】

平成28年熊本地震……2016年4月14日21時26分以降に熊本県と大分県で相次いで発生した地震。気象庁震度階級で最も大きい震度7を観測する地震が4月14日夜及び4月16日に発生した。

熊本で大きな地震があって、それでわたしもツイッターで、いろんな意見を書いて……、それがリツイートされまして。結構やっぱり世の中が敏感になっていますから、芝居のことを書いてもあんまりリツイートはされません。で、わたしが書いたのは、

「対岸の火事のようになっているのはあんまりよろしくない」

と、先の震災（東日本大震災）が２万人以上亡くなって、今回は50人（直接死）ぐらいが亡くなった。だからテレビやなんかの自粛もまちまちだったりして、で、東京やなんかに住んでいる人間の数に比べれば、対岸の火事のような雰囲気になっている。でも、２万人が死のうが、50人が死のうが、死んだ当人、それから、関わっている家族や友人からしたら、まったく同じ地獄ですから、それを数で、……セパレートして、まぁ、語るのはよくないんじゃないかと、そのようなことを、……言葉でちゃんと説明すれば長くなりますから、僅か百何十文字で、こう、書いた訳ですよね。で、それに対する批判はなかったんですが、ちょうどわたしが来月お芝居を演《や》りますから、

「このコメントに共感をした人へ。来月演る芝居は、『不幸の家族』といって、実は世の中が第三次世界大戦に突入しようとしていると、これから10年後ですけれども、そのときに世の中は戦争になろうとしているんだけれど、庶民にとって

はその大きな戦争よりも、内々の小っちゃい揉めごとのほうがどれだけ大きな悲劇なんだ。というような話なんで、是非ともわたしの地震に関するコメントに共感をした人は、リツイートしてください。そうしたらお芝居のご案内をさし上げます」

てなことを、書いた（笑）。だからそういう人はいっぱい来るから、わたしは次から次へと宣伝しましたよ（スマホを打つ所作）。そうしたら、一人怒っている人がいて、

「志らくっていう野郎から、芝居の宣伝が来た」

と、

「で、タイトルが『不幸の家族』。俺が何処に住んでいると思っているんだ？熊本だ」

「くわぁ～（笑）、申し訳ないなぁ……」

と、思って、だからちゃんとそういうのを書いたのに、熊本の人が地震のことだから、まぁまぁ、リツイートしたんでしょうね。それで、わたしは機械的に送ってしまった。それで、大変に怒っているから、

「どうも、すみません」

って、こう、謝って……、夕べなんかは、……まぁねぇ、

「別にこっちはちゃんとそういう風に書いてあるんだから、それを見逃してやるから、こういうことになるんだよ」

っていうのがあるんだけども、でも、実際、今、熊本でエライ目に遭っている人たちにとっては、そらぁ腹立たしいことですよ。ましてや、タイトルが『不幸の家族』ですから、これは笑いごとにもならない。で、まぁ、夕べ落語の稽古でもしようと深夜思っていたのが、ズゥーッと落ち込んで。でも、考えてみると、……わたしの悲劇、不幸なんてぇのは、向こうの人の不幸に比べてたら、屁みたいなものなんですよね。だけど、わたしにとってはもの凄く大きな不幸になってしまうという（笑）。結局世の中っていうのは、自分中心にこう生きていく訳で、「50億の人間が死ぬのと、自分の恋人が死ぬのと、どっちをとる」

って、言われたら、殆どの人間が、

「どうぞ、50億人死んでください」

って、こうとってしまう（笑）。それが人間という生き物なのかも知れませんけれども……。

なにもそんな難しい噺をするために、出てきた訳じゃないですけれども、まぁ、世の中がそういう微妙なムードになって……、前の震災のときなんか、もう、あの震災が起きて僅か一週間も経たないうちに、銀座のブロッサム・ホールというあのデカいところで、え〜、その日の夜に大型停電が起こるのではないかというところ、もう、他の芸能人は全部自粛している中、わたしは独演会を敢行しましたから（笑）。お客さんは半分ぐらいしか来ませんでしたが、タイムリーだけど不謹慎なギャグで、よく笑ってくれました。

「世間はこういうので笑うんだ。……よし！　やっぱり笑いは大事だ」

それで出来たのが、『あまちゃん』［＊1］ですからねぇ（笑）。え〜、クドカン［＊2］がインタビューで答えていました。だから、わたしは『あまちゃん』が誕生するきっかけの人間ということを申し上げたいですけれども（爆笑）。

「何で志らくさん、落語だけ演っとけばいいのに、芝居なんぞぉ演って」

という、そういう声もあります。わたしの演っているのは、ご案内した通り、演劇落語を作ろうと、そういう気持ちで、よく、

「古典（落語）だって、出来たときは、新作だ」

なんてことを言う人が居るかも知れませんが、それは大きな間違いで、古典というのはクラシック、出来たときにもう既に古典なんですね。モーツァルトも、ベートーベンも、ビートルズも、そうかも知れない。

新作っていうのは、そのときにパァーッと出て、パァーッと消えてしまう。春風亭昇太さんの落語みたいなものです（爆笑）。決して古典というものではない

［＊1］あまちゃん…人気となったNHK朝の連続ドラマ。脚本、宮藤官九郎作。

［＊2］クドカン…宮藤官九郎のこと。脚本家、俳優、映画監督、ミュージシャン。テレビドラマ『池袋ウェストゲートパーク』『木更津キャッツアイ』『タイガー&ドラゴン』などの脚本家として有名。

です。後世に遺るものを出来た瞬間から古典というのですね。

ですから、わたしの演っているシネマ落語［*3］ってのは、何席か古典になっている筈、ただ、弟子がバカだからそれを継ぐ者がいないというだけのもんで（爆笑）、古典にはならないんですけれども……。

まぁまぁまぁ、なんとか新作……新作っていうのは、皆着物を着て上下《こうい》風に演っていますけれども、あれは古典のスタイルですから、座布団に着物。だから、古典のスタイルの中で新作を演っているという違和感が実はあるので、……え〜、まぁ、柳家花緑なんかは、スーツを着て、椅子に座って演っていますが、まぁ、やらないよりは良いでしょう。

その昔、圓右［*4］師匠というエメロンのコマーシャルのお婆さんみたいなお爺さんの落語家がいて、芸術協会（笑）。この圓右師匠ってのがあるときなんかの落語番組でもって、「立体落語をやります」って、言う。で、新聞の欄に書いてあって、「えっ？　立体落語、何だろう」って、楽しみに観ていたら、着物着たまんま立って落語を喋っていました（爆笑）。立って落語を喋って、立体落語って、これ、酷《ひで》えなぁという……。落語家らしくていいんですけどね。所詮落語家の考えることってのは、そんなことなのかも知れませんけれど……。

まぁ、ですから、現代落語、新作落語を作ろうとして、それも一期一会、僅か

［＊3］シネマ落語…志らくが以前から手掛けている、大好きな映画をベースに舞台を江戸に置き換え翻案した創作落語。

［＊4］圓右（えんう）…三代目三遊亭圓右。1948年五代目古今亭今輔に入門。2006年逝去。

20回公演で消えてしまうから、もう、脅迫めいたような感じで、「とにかく来てください。来てください」と、いうことなんですね。

まぁ、今日はそういった実に破廉恥というか、バカバカしいクレージー落語の特集で、これから演る噺は、プログラムにも書きましたけれども、こんなにくだらない噺はない。

そりゃぁ、ナンバーワンは談志が十八番のあの『金玉医者』、談志がボロボロになって声が出なくて、それで、死ぬのが怖いからやたらと睡眠薬を飲んで、ラリって、それで上野の伊豆榮梅川亭という鰻屋でもって、文化人だけを30、40人集めて落語会を演った。もう高座に上がることも出来ない。皆に、弟子に担がれて、で、声も出ない。そこで、

「『芝浜』を一席演ってください」

と……。それで、『芝浜』も途中で止まっちゃって、仕込み[＊5]も忘れて、もう、ボロボロだった。そのときにもう一席演ったのが、やっぱり『金玉医者』ですね。だから、よっぽど家元は『金玉医者』が好きで……。

新橋演舞場で、志の輔、え〜、親子会というのを演って、もう何千人も入っているような大きいところですよ。そこで、談志が出ていって、『金玉医者』を演ったんですねぇ。……演っても、志の輔兄《あに》さんのお客さんは多いですよ。で、志

［＊5］仕込み…落語等、話芸の手法の一つ。後の笑いや落ちへの伏線となるエピソードやその語りなどのこと。

の輔兄さんのお客さんを別に悪く言うつもりは何もないけれど、どっちかっていうと非常にノーマルな方々（笑）、大劇場でもって、昨日今日入ったような前座が出てきて、『子ほめ』を演って、爆笑するぐらいですから……。で、談志のお客っていうのは、開口一番に誰が出てきたって、

「談志以外は聴かないぞ」

って、いう、そういうお客さんですよね。だから、談志が出て行って、もうそれから、北朝鮮の噺をして（笑）、金正日《キムジョンイル》がどうのこうの、終いには何言ったって、ウケねぇから、

「××××――！」

なんて四文字叫んで（爆笑）、それでもって『金玉医者』演って、……もう、ダダ滑りですよ（爆笑・拍手）。で、楽屋に戻ってきて、

「（談志の口調で）ダメだ！　この客ぅ！　モノが分かってねぇ」（爆笑）

って、言って。で、志の輔兄さんが出ていって、

「ガッテン、ガッテン」

で、大爆笑ですから（爆笑）、もの凄く落ち込んで、もう、へべれけに酔っぱらって、ウチへ帰っておかみさんを捕まえて、

「今日、ウケなかったの……、僕」（爆笑）

その『金玉医者』ってのは、わたしはまだまだ出来る噺ではないので、この会の最終章で演る予定でございます。もう、そのときは、60の後半になっているという、え〜、まぁ、そこまで皆さんも頑張れるかどうか分かりませんが……（笑）。

まぁ、第2位、第3位が、この『目薬』と、そして『義眼』という……。『義眼』はわたしがニューヨークで落語を演ったときに、字幕スーパーを付けて演ったんですね。で、それで、スイッチャーの人がこうやって、上下《かみしも》を切る［*6］度《たんび》に、こう、押すと。そうすると、字幕がこう出るという……。ただ、もう、アドリブが一切効かない。ちょっと途中で、

「えっ」

なんて言うと、ポンと押されちゃうから（笑）、もう、どっちがどっちだか、分からなくなっちゃうという（笑）。で、小噺で『義眼』を英語で演ったらば、そりゃぁ、アメリカの人も、ウケてましたね。まぁ、実にバカバカしい噺で……。

『目薬』へ続く

［＊6］上下（かみしも）を切る…落語を演ずる上の形式。上手（かみて・客席から見て右方向）、下手（しもて・客席から見て左方向）それぞれを向き人物を描き分ける。

さんぼうとは？

２０１６年４月19日 第６回立川志らく落語大全集 国立演芸場 『転宅』 のまくらより

【まくらの前説】

クレージー落語特集……毎回テーマを決めて開催される 『立川志らく落語大全集』で、この回は、クレージー落語特集と称して、イリュージョンの世界観の落語四席を口演する独演会だった。演目は、口演順に、『目薬』、『義眼』、『転宅』、『鉄拐』。

けちんぼうの噺で、

「オイオイ、向かいのウチが火事だって？　そんなことはどうでもいいや、ちょいと煙草を吸うから煙管《きせる》を持ってきて……。ああ、ありがと、ありがと。ええっ？　いやいや、火は無用《いい》。火はいい。うんうんうん、ちょいと煙管《これ》持ってさあ、向かい火事だから、火を借りてきなさい」

「あのう、行ってきました」

「うん、貸してくれたか？」

「いえ、いえ、貸してくれません」

「何でだ？」

「怒られちゃいましたよ。

『火をちょいとください』

と言ったらね。

『ウチの火事で大変な騒ぎだっていうのに、その火をもらいに来るなんて、ふざけた真似をするな！』

なんて、怒鳴りつけられました」

「この野郎、冗談じゃないね。なんてしみったれなんだよ。見てやがれ、今度、

ウチが火事を出しても、火の粉もやらねぇ」（笑）

　なんというねぇ、先代の可楽師匠がこんな風に演ってましたけど……。大して面白くはないんだけれども、でも、落語のニュアンスが詰まっている。

　泥棒の小噺はこれに比べるとちょっと落ちて、……足の速い。町内で一番足の速いって人が泥棒を追いかけたなんて、

「おっと、ちょいとお前、どこへ行くんだい？」

「ええ？　今俺は泥棒を追いかけているんだい」

「泥棒を追いかけている？　ええ、おまえ町内で一番足が速いって評判だよ。泥棒居ねぇじゃねぇか？　どうしたんだよ？」

「ああ、泥棒、あとから逃げてくる」

　なんていう……、失笑に近いような小噺ですけれども（笑）。まぁまぁまぁ、こういうような今では殆ど通用しないけれども、どっかに落語らしさや本質が隠れているのかも知れませんが……。

　ある泥棒が、どこへ忍び込もうかってんで、いろいろ考えて、まぁ、このウチがいい。黒板塀に見越しの松。お妾さんの家でございます。物陰に隠れて、こう、ひょいと見てるっていうと、どうやらそこのウチの旦那が、

「おいおい、お菊。明日また来るからねぇ、（懐に手を入れて）うん、ここにこう

50円という金が入っていてね。ウチに持って帰ると、ウチの奴がねぇ、いろいろ言うからさぁ。で、おまえに預けておくから……。まぁ、その内おまえになんか買ってやるのが、このお金で……。うん、うん、大丈夫、大丈夫。あの預けておく」

「あのぅ、どうもありがとうございます。ええ、それじゃぁ、あの、お気を付けになって。はいはいはい。あの、おやすみなさい」

さあ、泥棒がそれを見て、すぅーっと先回りをして座敷へ……。

『転宅』へ続く

鉄拐という噺

２０１６年４月19日 第６回立川志らく落語大全集 国立演芸場『鉄拐』のまくらより

【まくらの前説】

落語『鉄拐』……原話は、江戸時代後期の戯作者で落語家の桜川《さくらがわ》慈悲成《じひなり》が出版した『落噺常々草』の一編である『腹曲馬』。主な演者に、三代目桂三木助、七代目立川談志などがいる。

『鉄拐《てっかい》』というあまり演《や》り手の無い落語でございまして、立川流においても談志家元が演って、わたしと、あと弟弟子の談笑が演っていますね。それから、あとはわたしの知っている限りでは、落語協会の小満ん［＊1］師匠がお演りになっていまして、あとは昔の名人だと音で遺っているのが、三代目桂三木助師匠が遺っていて。あとはもう、まったく聴いたことがない。高田文夫先生が、立川藤志楼の名前で『鉄拐』を紀伊國屋［＊2］で演っていたのを、若い頃わたしは楽屋で聴いていたという、そんな思い出もあります。

とにかく舞台が中国という。中国が舞台の落語というのはおそらくこれだけで、ただ、中国から来たという噺を落語にしたっていうのは、幾らかあるんですけれども。中国そのものが舞台になっているというのは、これだけ。

で、鉄拐ってのは、これは仙人で、八仙人の一人、日本でいうと、まぁ、かなり違うんでしょうけど、七福神みたいなもので、ジャッキー・チェンの『酔拳』だとか、ああいった映画を観ると、八仙人の名前の付いた技みたいものがあって。映画観ていると『鉄拐』なんていうのが出てきたりします。

談志が上海だか、北京だか、どっかへ行ったときに、路地でもっていろんな絵をたくさん売っている。その中に鉄拐仙人の絵があって、喜んでそれを眺めていたなんて話も……。ただ、今は、もう、ネットでもなんでも調べると、画像検索

［＊1］小満ん（こまん）…柳家小満ん。1961年八代目桂文楽に入門。1971年師・文楽の死去により五代目柳家小さん門下に移籍。1975年真打昇進で三代目小満ん襲名。

［＊2］紀伊國屋…新宿にある紀伊國屋書店4階にあるホールのこと。1964年開場、演劇や落語の聖地として憧れのホールとされている。

すると鉄拐の絵というのはたくさんあって、
「まぁ、こんな人だったんだな」
というのは、分かりますけれども。落語の中のイメージはだいぶ違ってますが、かなり変わる。まぁ、そんな珍しい噺、『鉄拐』。

舞台はその昔、上海はチェンネン通り3丁目65番地。上海屋唐右衛門という大貿易商がおりまして、商売は手広くやっています。もう、上海は勿論ですが、北京それから大連、南京、さらにヨーロッパのほう、ローマ、それからパリ、あとはロシアのほうまで行ってモスクワ、

アメリカではもうニューヨーク、シンガポール、それからサンフランシスコ、ラスベガス。日本のほうは、大阪、京都、東京、博多。東京も細かに、新宿、それから銀座、北千住（笑）、たまプラーザ駅前まで、とにかく幅広くやっております。

毎年8月29日、30日、31日はと申しますと、上海屋の創立記念日で、3日間、もう、

財界人、それから文化人、芸能人、いろんな人をたくさん、商売仲間も呼んで、寝ずに三日三晩酒飲んで大騒ぎをするというのが、毎年の決まりでございました。そしてその最後の日がってぇと、余興大会ってぇのがあって、中国じゅう

のいろんな芸人だとか見世物がたくさん集まって、次から次へと、これぇはもう、お客様の楽しみで……、上海屋の創立記念日が近づいてくるってぇとお客様が、

「ねぇ！　もうすぐ上海屋の創立記念日ですなぁ？」

「ええ、楽しみですよ。どんな見世物やどんな芸人が出てくるかねぇ、へっへっへ、もうこんな楽しみはありませんなぁ」

「ねぇ、いろんなのがいますからねぇ。……3年ほど前でしたっけ？　見世物でね、変な動物がいましたよ。ほらぁ、ブタとニワトリを掛け合わせた……」

「あっ！　（手を打つ）思い出した！　ブーコッコでしょう（笑）？　あれは面白かったねぇ。ブタとねぇ、ニワトリって、まぁ、形はねぇ、形は、ほぼニワトリなんだけど、どことなくブタの雰囲気が醸し出てるという……、鳴き声を聴いて笑っちゃいましたよ。

『コケコップー』ですから」（爆笑）

もう訳が分からない。

『鉄拐』へ続く

恐れ多くも、談志の十八番

２０１６年7月19日 第7回立川志らく落語大全集 国立演芸場『二人旅』のまくらより

【まくらの前説】

大河ドラマ『お咲さん』……毎回テーマを決めて開催される『立川志らく落語大全集』で、この日の独演会は、仲入りまでに、『風呂敷』、『厩火事』［＊1］が口演された。どちらの演目も、面白い女房のお咲が主人公の噺。

今日はこんな噺ばっかり続くんです（笑）。（志らく落語大全集は）16年かけて、二百三席演《や》ろうという無謀な企画ですから、毎回毎回、大ネタがドーンと……、次回は『文七元結』[＊2]というのがございますが、今日はこういうくだらない落語だけで（笑）。

まぁ、考えてみると、お咲さんという人は若い頃は、とってもキレイで、それで、亭主と一緒になって、亭主は、最初の頃は、一所懸命働いたりとかしてたんでしょうけど、それが徐々に逆転してという……、そういうことなんでしょう。このお咲さんのことをずっと考えていて、「いったいどこから出て来たんだろう？」と、落語の中で探しました。で、このお咲さんのお母《つか》さんというのが、見つかりました（……笑）。それが、この『二人旅』[＊3]の中に登場する。そのための『二人旅』でございます。お咲さんのルーツを探せ（笑）。そういうテーマでございます。

え〜、旅の噺で……、旅の噺ってのは比較的難しい。落語の場合は、芝居と違って、この下半身が全く使えない状態になってしまいますから、走ったとしても、（両腕を前後に大きく振る所作）こんなになって走ったりとか……。動きというものが非常に難しい。

旅の噺は、〝捨てネタ〟みたいな……、寄席かなんかで、こう、雨が降ってい

［＊1］厩火事（うまやかじ）…髪結いのお咲さんは惚れた亭主の本音を知りたいと思い、仲を取り持ってくれた兄貴分のところへ相談に行くという演目。

［＊2］文七元結（ぶんしちもっとい）…三遊亭圓朝作の人情噺。博打で借金を抱えた長兵衛、娘が吉原に身を売って金を借りたが、その金を身投げしようとした文七にあげてしまう。その後の流れが感動的な演目。

［＊3］二人旅（ににんたび）…立川談志が得意にしていた演目。江戸っ子２人が旅に出、他愛もないやり取りをしつつ、途中の茶店に寄る。そして店の婆さんとの会話も楽しい噺。

てお客が〝つ離《ばな》れ〟［＊4］しない、つまり10人入らない。そんなときに、こう、（噺家が）出て来て、

「（五代目古今亭志ん生［＊5］の口調で）昔の旅は、なんてぇいいますかぁ、あぁ〜……」（笑）

こう言いながら、客のほうもポカーンという感じで（笑）、それが良き時代の寄席でございました。それをわたしの師匠談志が50代に入ってから、『二人旅』というのをクレージーな落語に、グゥーッと作り変えて、もう当時は、何ぞと言うと『二人旅』をかけて、年間どれだけ聴いたかってほど、『二人旅』を演っておりました。

弟子は誰も師匠に敵う訳がないので、この『二人旅』を手掛けた人はいなかったのですけれども、わたしは、もう、あまりにも談志が演るもんで、覚えてしまって……。前座の頃ですね、もう知らないうちに覚えちゃった。

で、『談志ひとり会』という恐ろしい会です（笑）。客が全部談志信者。誰が出て来たって、もう、ウケない。というのにわたしは前座で開口一番［＊6］に上がって、『二人旅』を演っちゃったってことがある（爆笑）。もう、客が怒ったのなんのって、ねぇ（笑）。

で、終わってから師匠が、楽屋で、

［＊4］つ離れ…寄席でお客の数を数える時、1から9までは数え方には「ひとつ、ふたつ、みっつ・・・とすべてに〝つ〟の音がつくことから、9人ほどまでの少ない客数のことを指す。

［＊5］五代目古今亭志ん生…昭和の名人として有名な落語家。力みのない調子で始まる語り口に多くの落語ファンが魅了された。『火焔太鼓』を始め爆笑ネタが多かった。落語協会四代目会長。1973年逝去。

［＊6］開口一番…寄席や落語会などで、その日の一番始めに出番のあること、もしくは人。

「(談志の口調で)俺の十八番《おはこ》って分かってるのか?」

そりゃぁ、分かってる、フッフッフ(爆笑・拍手)。でも、その一言だけで、別に怒られはしなかったのね。嬉しそうな感じで、小言を言われた、そんな記憶があります。

で、前座で方々《ほうぼう》の落語会に仕事に行くと、談志が可愛がっていた亡くなった古今亭右朝《うちょう》[*7]師匠という日大芸術学部の先輩も、わたしが開口一番に『二人旅』を演ったら、

「(古今亭右朝の口調で)家元にそっくりだねぇ〜ん、うぅん」(笑)

自分は志ん朝[*8]師匠にそっくりだったんですけれど(爆笑)、

「あぁん、また『二人旅』、演ってよぁん」(笑)

って、こう言われたことがございますけれども、もう、亡くなってしまいました。まぁ、ですから、思い入れはとてもあるんですけれども、到底談志のクレージーさんには追い付くことが出来ない。ええ、まぁ、このう、『志らく落語大全集』というのが終わりになって、わたしが70近くなれば、また『二人旅』、おそらく……。

67歳でこの会が終わってしまったら、あと、わたしは生きる屍になってしまう可能性がありますから(爆笑)。今考えているのは、66か、67で終わりますか

[*7] 古今亭右朝…1975年三代目古今亭志ん朝に入門。1988年真打昇進。日本大学芸術学部落語研究会で高田文夫の同期だった。2001年逝去。

[*8] 志ん朝…三代目古今亭志ん朝。1957年父の五代目志ん生に入門。1962年真打昇進で志ん朝襲名。若い頃からタレントとして活躍、その後落語を中心に活動、明るく華やかな高座で人気が高かった。2001年逝去。

ら、最後は歌舞伎座なんかを借りて、ドンと演ろうなんて、自分の中には思いがありますけれど、向こうは貸してくれねぇと言われりゃそれまでなんです（爆笑）。……貸してくれりゃぁ、そんなようなことを考えていますがね。

67で16年間ということは、まだ、もう一回、頭から演りゃぁ、16年ぐらい生きている可能性ありますからね。67で16年ということは、83ぐらいですか？　野末陳平先生は元気ですから、83でもってエロビデオを見ているくらいですから（爆笑）。山田洋次監督は、83でもってステーキを食っているくらいだから……。そうしたら、もう、ひと往復出来るかなという。そうすると、それはそれで……、良いじゃないですか？　もう、『二人旅』も、もっと談志よりもイイ感じになって、それで、最後は『芝浜』ですから。83歳のよぼよぼのわたしが『芝浜』を演る訳です。（会場をぐるっと指さして）殆どの人は死んじゃって居ないです（爆笑）。まぁ、そんな夢もございますけれども……。そんなことを言っても、わたしが57、8で死んじゃったら、何もなりません（笑）。

まぁ、旅のお噺、

「三人旅は、一人乞食」

なんてなことを言って、旅というのは3人だと仲のいい2人が話をして、一人が無視されてしまう。ですから、「三人旅は一人乞食」。え〜、勝手気ままな一人旅か、あるいは気の合った者同士の二人《ふたり》旅が、一番良いと……。

『二人旅』に続く

わたしがテレビに出る理由

２０１６年10月19日　第８回立川志らく落語大全集　国立演芸場『看板のピン』のまくらより

【まくらの前説】

『ひるおび』レギュラー出演決定……２００９年３月30日から放送が開始されたＴＢＳ系列情報ワイド番組『ひるおび』に、２０１６年10月３日より立川志らくが午前のコメンテーターとして登板した。

この世界に入って30年以上経ちますけれど、特に真打になってから21年ですか、もう勝手気ままに仕事をして、やりたい仕事だけ選んで、好きな時間に起きて、まぁまぁまぁ、嫌なことはなるべくやらないように、そうやってダラダラ生きてきたんですけれども……。土曜も、日曜も、平日も、祭日も関係なく、生きていたんですが、最近は、

「今日、何曜日？　……水曜日か……、まだ土日じゃないんだなぁ」（笑）という、『ひるおび』現象が（爆笑）、……まぁまぁまぁ、ありがたいと言えばありがたいんですよ。

東京に700、800人の落語家がいる中で、毎日テレビに出ているという落語家はいないし、コメンテーターをやっている落語家だって、わたし一人だけですから（笑）。座布団の取りっこをしている連中はたくさんいる訳ですけれども（爆笑）。え～、そりゃぁ、ありがたいんですが……。

でも、ほんの数年前までは、

「誰がテレビなんか出るもんか！」

みたいな、若い頃の吉田拓郎みたいな感じでね（笑）。

「俺の歌を聴きたかったら、金を払って聴きに来い」

と、全く同じようなことを言っている。で、先輩の志の輔［＊1］兄《あに》さんが

［＊1］志の輔…立川志の輔。1983年立川談志に入門、志の輔と名乗る。早くから人気を獲得し1990年真打昇進。その創作落語は傑作が多く、映画化された噺も多い。PARCO劇場にて行う独演会も有名。タレントとして1989年からNHKテレビ『ためしてガッテン』司会者として活躍。

……。あの人とは、それほど芸歴は離れてないですよ。3年ぐらい向こうが先輩なだけでね。で、あんまり口を利いたことがないのですよ。談春兄さんとはよくつるんでいましたけれど、志の輔兄さんとは、ほぼ喋ったことがない。もう、三十何年この世界にいるんだけれども、トータルで口を利いたのが2分30秒ぐらい（爆笑）。向こうは、わたしのことを危ない人間だと思って、相手にしていないだけなのかも知れない。

でも、以前、まだ談志が生きている頃だったんですけれども、へベレケにあちらが酔っぱらって、で、珍しく、芸の話というよりか、テレビの話になって、志の輔兄さんが、

「（志の輔の口調で）おぉい……」（爆笑）

まぁまぁ、こんなにキレイな声じゃないですよ（笑）。

「（志の輔の口調で）お前があとに続いて、テレビに出なきゃダメだよ。もっとテレビに出ろよ」

「ああ、そうすか、兄さん……、え～、『テレビ出ろ』たって、どうやったらテレビ出れますかねぇ？」

「そりゃぁ、俺と同じようにさぁ、視聴者が何をやったら喜ぶか？　それから、テレビのディレクター、プロデューサー、スタッフが何をやったら喜ぶか？　放

送作家が何をしたら喜ぶか?」

「自分は?」

「自分はどうでもイイんだ。自分のやりたいことは、こうやって抑えて、他の皆さんがやりたいことを、やれば……、(テレビに)出れるんだよ」

って、こういう風に言ったから、わたしは、

「そんなことをやるんだったら、わたし芸人辞めますよ」

「えっ!」(笑)

「自分のやりたいことをやった結果、いろんなものが付いてくるのが、芸人の生き方じゃないんですか?」

って、言ったら、

「うぅうぅうん」

って、唸って(爆笑)、そのあとへベレケに酔っぱらって、談志のおでこをポンと叩いてました(爆笑・拍手)。

そんなことを言っていた時期があるんですね。だけども、まぁ、談春兄さんの刺激なのか……、談春兄さんもねぇ、面白いですね、あの「成り上がり」は(爆笑)。このあいだもよみうりホールで、楽屋でもって、皆、他の芸人も居る訳ですよ。で、自分が売れているなんてことは、抑えておけばいいじゃないですか

（笑）。それが、

「おい、志らく」

「何ですか？」

「お前、俺のおかげでさ、近頃お前の会にも客がたくさん来るだろう？」

そういうことを言うんですよ（爆笑・拍手）。

「何だ、コイツ！」

って、周りは思いますよ。わたしはあの人の性格を分かっているから、「可愛らしいなぁ」と。要は、『赤めだか』効果でわたしの会も客がたくさん来るだろうということを、自慢して感謝しろということなんですけれど。でも、それは確かにあるんですね。『赤めだか』効果でもって、どういう訳だか嵐のお客さんが何かと間違えて、見に来ちゃう（爆笑）。濱田岳が好きな人が、

「本物はどういうのかしら？」

と、見に来てビックリするような、そういう現象は確かにある。で、談春兄さんなんかはいろんなテレビ、民放なんかにも出てるんで……。で、まぁ、

「そうか、（テレビに）出ると結構いいこともあるのかなぁ？」

と、……で、わたしも、歳はもう50を過ぎましたから、今年で53ですから、え〜、そりゃぁ、まだ、落語界では、「若い。若い」と言ったって、美空ひばり

は、もう死んでいますからねぇ（笑）。そういうことを考えると、もう、そんな自分にも、……元気にいろんなことをやっている時間がある訳でもないと、

「じゃぁ、少しテレビってのも、出てみるか？」

という気持ちがちょっと動いて、でも、出方が分からない訳ですよ。そりゃぁ、若い頃はいろんな番組に出させてもらったってのは、あるんだけれども、

「立川志らくってのは、テレビ嫌いだ」

みたいなのが、もう、広がっちゃっていますから、芝居の番宣かなんかでね、宣伝や何かでラジオに出るって言っただけで、

「志らくさんが出てくれるんですか?!」

って、放送局《むこう》は、言うぐらいなんで……。そりゃぁ、今更、「出たい」ってことも言い辛いんで、

「じゃぁ、ワタナベエンターテインメントに移籍をしよう」

と（笑）。それで、移籍して、のんびりしていたならば、最初のうちは、

「志らくさん、クイズ番組に出てくださいよ」

「いやいや、ダメダメ。モノを知っているように見えて、何も知らないから、ダメダメ」（爆笑）

「じゃぁ、レポーター？」

「レポーター、ダメだ。人の話を聞きたくないから、ダメダメ」（笑）

なんて、折角ワタナベに移籍したのに、なんにも仕事が無くて。それが、

「じゃぁ、コメンテーターはどうですか？」

「……コメンテーターねぇ、じゃぁ、ちょっと出ますか？」

って、言って、

「『ひるおび』がいいんですよ」

なんて、言って、『ひるおび』も月に1回ぐらいだったら、

「出島外交でイイんじゃないか」（笑）

みたいな。で、これが月に1回。それが、秋ぐらいから、

「週に1回」

「まぁ、週に1回ぐらいだったら、まぁ、いいかなぁ」

と、思ったのが、

「毎日出てください」

「ああ、そうですか、ハイハイハイ」

なんて、全然言っていることが違いますね（笑）。

「テレビなんか出るもんか」

って、言っていたのが、毎日出るようになっちゃった（爆笑）。要は、ブレま

くっているってことですね。まぁ、恰好よく言うと、
「昨日のおれと、今日のおれは違う」（爆笑）
ただ、それだけのことでございます。この分でいくと、『笑点』なんかも平気で出るようになりますからね（笑）。
「（勢いよく挙手して）はい！（司会者がいる下手に手を挙げる）」（爆笑・拍手）
「（昇太［＊2］の口調で）志らくさん！」（爆笑）
なんて、こんなことになって（爆笑・拍手）。そういう可能性もあるかも知れない。ことによると24時間［＊3］のマラソンを走っちゃったりしたりするかも知れない（爆笑）。（話が）来ればなんでもやっちゃうような、加山雄三［＊4］と一緒に『サライ』を歌っちゃったりして、涙ぐんで（笑）。そういうこともいつの日かあるかも知れませんけれど……。
まぁ、でもコメンテーターなんかは、毎日毎日好き勝手なことを言って、浅草キッドの水道橋博士なんかは、
「志らくさんに期待する」
と、
「昔の横山やすしさんのように、平気で番組を抜いて。来たらありがたがられるような、そういうコメンテーターになって欲しい」

［＊2］昇太…春風亭昇太。１９８２年春風亭柳昇に入門、１９９２年真打昇進。早くから新作落語を作り人気を得た。２００６年から『笑点』大喜利メンバーとなり、２０１６年には司会となった。

［＊3］24時間…日本テレビ毎年夏に行うチャリティ特別番組『24時間テレビ』のこと。番組では必ず芸能人の誰かがマラソンを走ることになっている。この２０１６年は林家たい平が走った。

［＊4］加山雄三…歌手、俳優。昭和に映画「若大将」シリーズで人気。１９９２年『24時間テレビ』の企画で加山が作曲・谷村新司作詞の『サライ』が歌われ好評となり、以来毎年加山ら出演者が歌う形となった。

みたいな……。でも、皆、

「立川談志のように乱暴にやってくれ」

なんてことを言うけど、実際には難しいです。談志は本当に滅茶苦茶ですから、わたしと性格が違いますから、……わたしは、普通の、普通の人なんです（笑）。談志は、もう、本当におかしな人ですから（笑）、……だから、わたしと同い年ぐらいのときに、テレ朝のコメンテーターをやっていたことがある。わたしはまだ鞄持ちでもって、テレ朝に付いて行きましたよ。田丸美寿々［＊5］さんが司会をやっている『モーニングショー』でしたね。

それで、有名な話なんですけれども、カルガモの親子が道路を渡っているんです（笑）。その映像が、こう映っている。で、談志が腕を組んで見ている訳です。と、田丸さんが、

「談志師匠、どうですか？」

って、振った訳です。すると、談志が、

「……うん、俺に訊くな」

って、ここで気がつきそうなもんなんです（笑）。「俺に訊くな」と言ったんですよ。

「そんなことを仰らずに、何か」


［＊5］田丸美寿々（たまるみすず）…フジテレビのアナウンサーを経て、後にフリーとなる。テレビ朝日『モーニングショー』などを始め多くのテレビ報道番組でキャスターをつとめた。

って、言ったら、

「言っていいのか?」

普通の人だったら、ここで止めるんです（爆笑）。談志が、「言っていいのか?」って、これはヤバいと、普通は。田丸さんは、

「ええ、どうぞ、談志師匠のご意見を」

「腹減った猫を放せ」（爆笑・拍手）

凄いこと言っちゃった。もう、大変ですよ。動物愛護団体からクレームは来るわ、もう（爆笑）。視聴者の電話がバンバン来るわで、大騒ぎになったことがありますけれども。

まぁまぁ、今の時代はもうねぇ、ともかくクレームが多いです。わたしなんか他にちゃんと真面目なことを言う人がいるから、ふざけようと思っているだけですからね。別に知識がある訳でも、豊洲問題［*6］を一所懸命考えている訳でも何でもない。別に何の知識もない、なんか面白いことはないかな? と、それを、

「恵さん拾ってちょうだい」

って、ただ、演《や》っているだけです。ふざけているだけなのに。……で、ふざけると怒る人がいるんですね（笑）。

［*6］豊洲問題…2016年に老朽化した築地の市場を豊洲に移転し、開業の予定だったが都知事の小池百合子が移転延期を発表。その後豊洲の土壌調査などを経て2018年開業に至る。

「ふざけるな！」（爆笑）

いや、「ふざけるな」じゃない（拍手）、わたしはふざけているだけなんですよ（笑）。

え〜、今日なんかもね、あのう、オリンピックのボート……、まぁ、マイナーな競技ですよ。

どこでやったって、まぁ、いいじゃないですか（爆笑・拍手）？　観に行きゃ知らないんだから、ボートは（爆笑）。それを、どこぞの会場が良くて、

「復興五輪だから、宮城でもいいんじゃないか？」

復興五輪なんて、後付けですからね。復興五輪と言われちゃ、じゃぁ、熊本だって、それから神戸だって、（被災地）全部でやらなくちゃいけない訳ですよ。

皆、大人の知恵でもって、こじつけで。しまいには、

「韓国ではどうだ？」

って、訳の分からないことを言ってきたりして（笑）。で、わたしはもう面倒くさくなったんで、

「ええ、いいよ、そんなもの。平和島競艇で」（爆笑・拍手）

って、言ったんですよ。そうしたら、

「ふざけるな！」

って、怒る人がいる訳です（爆笑）。だから、

「ふざけているんだ」

と（爆笑）、

「真剣に考えているんじゃない」

と、それだけのことなんですけれども……。

本当に今、なんでもクレーム、クレーム、嫌な時代ですねぇ？　保育所が足りないから、保育所をもっとたくさん作らなきゃ、って、これは当たり前のことです。で、いざ、保育所を作ろうとなると、住民から、

「うるさい。騒音だ」

と、怒ってくる。だけども、確かに、騒音だって気持ちは分かりますよ。朝から子供が、「キャッキャキャキャッキャ」騒いでりゃぁ、夜遅くまで働いている人は寝てられない。それは分かるんです。

「志らくさんは住んだことがないから、そういうことを言うんだろう」

けれども、そりゃぁ、想像すれば分かりますよ。子供の声は、わたしも子供が幼稚園にいますからね。どれだけ煩いのかと。でも、どんなに煩くても、子供の声を騒音だなんて、言ってはいけないというのが、大人の見識なんですよね。大人ってのは、そりゃぁ、煩くても、グッと堪えるというのが大人なのに、それが

平気でもって、

「（拳を振り上げて）ありゃぁ、騒音だから、（保育所を）建てちゃいけない！」なんて言って、住民運動を起こしたりして、別に反社が越してくるって訳じゃないのに（爆笑）。子供の声が煩いなんて、そういう大人は、本当はよろしくないんですけれども、そういうのも、結局クレームがついてしまう訳ですね。

ええ、もうなんでもなんでもクレーム。いろんなところで喋ってますけれども、あの二宮金次郎の銅像が、あれが、怪しからんということで。何が怪しからんのかと言うと、「歩きスマホを助長している」（爆笑）訳が分からないですよ。そんなことを言ったら、何も出来なくなりますよ。〝貫一お宮〟のあの『金色夜叉』で、貫一がお宮を蹴っ飛ばしているのを見て、外国人が、「男尊女卑だ」って、「銅像《どうぞう》を撤去しろ」なんて、別にいきなり蹴っている訳じゃない（笑）。いろんなことがあって、もう、我慢が出来ず、蹴っ飛ばしたっていうだけなんだ（笑）。それを、「男尊女卑だから」なんて、……そんなことを言ったら、上野の西郷さんだって、あんなの刀さして、それで犬の散歩して、銃刀法違反になりますよね（爆笑）。そういうクレームがついたら、どうするんですかね？　自由の女神なんか松明《たいまつ》持っているんだから、あれは放火魔ですよ、アナタ（爆笑）。え〜、もうそんな時代なのかも知れませんけれど……。

思い込みの激しい人が多すぎるんですね。自分の言っていることが正論。正論と思い込んでしまっている。正論ほど怖いモノはありませんから……。要は、思い込みが激しい人間が多いという、そんな昔からの落語でございますから……。

「オウ！　おまえたち！　集まってんのか？」

「おっとぉ、イケねぇ！　賽子《さいころ》、賽子、ああ、しょうがねぇや……。ああ、親分さんが来ちゃったよ。親分さんはねぇ、博打が大嫌《でぇきれ》ぇなんだ、仕方がねぇや。（頭を下げて）どうも、いらっしゃいまし」

『看板のピン』［＊7］へ続く

［＊7］看板のピン…若い奴らのサイコロ博打をいさめた親分の手口が鮮やかだったので、それを真似して儲けようと若い奴がやってみるが全くうまくいかない、という演目。

人生を賭けた博打

２０１６年10月19日 第８回立川志らく落語大全集 国立演芸場『文七元結』のまくらより

【まくらの前説】

前席の言い間違い……『時そば』にて、最初の客の勘定のくだりで蕎麦屋が時《とき》を、「九つ」と言うべきところを「八つ」と間違えた。

『時そば』のああいう間違いはね（笑）、……初めてではないのですよ（爆笑）。数年前、ＮＨＫの生放送ですね、落語の（笑）。このときは参りましたね。今日なんかはマニアックなお客さんがいるから、『時そば』がどんな噺かもう全部分かっている（笑）。『時そば』をどう変えるんだ？　って、ところを楽しんでいるから、あの間違いでも、「ああ、珍しいものを見た」ぐらいで済むかも知れません。生放送のときは、お客さんは、落語ファンじゃないですからね。ＮＨＫが集めたお客さんですよね。オバちゃんが多いですよ。だからそこでわたしが間違って言うのを誤魔化してても、……意味が分からなくなる訳ですよ（笑）。噺が、お客様がこんがらがっちゃう。それでもってラジオとか、いろんな人が聴いているから、もう、ネット上は荒れましたね（笑）。

「志らくの奴が、『時そば』を間違えてやんの。落研だな、アイツは」

　もの凄くて……、それがトラウマになっているんで、あそこの前になると（笑）、一瞬、

「それかな？」

　って訳が分かんなくなる（爆笑・拍手）。

　でも、名人の小さん師匠なんか、もっとひどいですよ。オチを間違えたことがある（笑）。その『宿屋の富』[＊1]ってぇ噺で、まぁ、どんな噺なのかは割愛し

[＊1] 宿屋の富…貧乏な男が「自分は金持ち」と嘘をつき宿屋に泊まる。その際に宿の主に買わされた富くじで千両が当たり、あまりの驚きで宿へ戻り、草履を脱がずに布団をかぶっていた、という演目。

ますが、オチが、

「お客さん、起きてくださいよ」

パァーッと布団をまくるってぇと、客が草履を履いて寝ていたという、……客は草履を履いて寝ていた、ドーンと笑いが起きて、それで頭を下げる。小さん師匠はどう言ったかというと、

「お客さん、起きて」

って、パァーッと布団を剝ぐっていうと。客は草履寝て、履いていた（……爆笑・拍手）。草履寝て、履いていた!?　それで気がつかずに、こうやって、頭を下げて（笑）、追い出し太鼓が鳴って、

「ありがとうございましたぁ！」

お客は、ポカーンとしてましたよね（爆笑）。

今日の噺、一席目、二席目は、ともにまぁ、博打ですね。『看板のピン』というのは、ふざけた博打の遊び。『時そば』はちょいと銭を騙し取ろうという博打。『文七元結』ってのは、人生を賭けた博打ということで……。

え～、まぁ、人間というのは博打が好きな人はたくさんいます。博打が嫌いだって人も、イチかバチかで、こう、博打をやっているみたいなところがありますね。え～、結婚が一つの博打だったり……。

まぁ、『文七元結』という人生を賭けた博打……、飲む、打つ、買うという三道楽、そりゃぁ、もう、男と生まれれば、そのうちの一つには必ず迷うことがある。でも、三つ迷ってしまうと、もう、人生終わりになっちゃう。飲むというのは、別に牛乳を飲む訳ではなく、酒を飲む。打つというのは、別に（腕をまくって、人差し指を刺す所作）××ピーとかそういうアレではなく（爆笑）。三道楽のほうで、買うというのは、犬やウサギを飼うんじゃなくて、女を買う。まぁ、一番質《たち》が悪いのはやっぱり、博打にのめり込んでしまうと、そりゃぁ女郎買いをするお金も、全部つぎ込んでしまうという、そういう事態になりますから、もう、家の者は堪ったもんじゃございません。

『文七元結』へ続く

小さんと談志が入った身体

2017年1月19日 第9回立川志らく落語大全集 国立演芸場『なめる』のまくらより

【まくらの前説】

SMAP解散騒動……2016年初頭に解散の危機が報じられ、同年8月14日の深夜に事務所からFAXでグループ解散のリリースが送られた。同年12月26日に放送された『SMAP×SMAP』最終回が、メンバー5人が揃ってのテレビ出演の最後となる。

去年の暮れぐらいから、どういう訳だか、SMAPファンの神みたいになってしまいました(笑)。ご存じない方もいっぱいいらっしゃるでしょうが……。

ことの発端は、今やっている『ひるおび』で、SMAPに関して、わたしが発言して、そこからワァーッと広がったんですけれども。要はSMAPが解散するのどうのこうので、わたしは、

「解散すべきではない」

と。

実は談志もSMAPのことがお気に入りだったんです。SMAPのことも当然知らなかったのが、SMAPがバラエティーに進出したいから、ジャニーズ事務所から、「SMAPにトークを教えてくれ。指南してくれ」と、それでテレビ朝日のスタジオにSMAPを呼んで、談志がいろいろと教えたんだそうです。それから、香取慎吾君とコマーシャルを共演することになって、それから『スマスマ』なんかにも出演《で》て、とにかく礼儀正しくて、才能があって、それで様子も良いし、談志は売れている子をとっても可愛がりますから(爆笑)、……売れている人が好きなんですね。売れてないのは大嫌い。それで、ことあるごとに、

「SMAPは、イイね。あいつらは」

ってなことを、言っていたんです。だから、今回の解散騒動を聞いたら、談志

は何と言うかと……。でもまぁ、

「談志さんと志らくさんとは別人格だろう」

と、言う人はいるんだけれども、確かに別人格なんだけど、わたしは、ご案内の通り、談志が死んだあと、

「談志はわたしの身体の中に入ったんだ」（笑）

と、

「談志は、（胸に手をあてて）この中にいるんだ」

と、……で、落語の未練を、志らくを通じて語るんだと、わたしは世間に発表したんですね。だから、談志がわたしの中から消えたときに、志らくはもう一つ上のステージにあがるんだみたいなことを言って……。だから、談志はこの中にいる訳ですよ。

それと同じなのが、談志の師匠の小さん［＊1］師匠。小さん師匠が死んだときも、……そりゃあもう、大喧嘩をしてね。で、談志は小さんから破門されて、落語協会から追放されて、……でも談志のほうは、随分言ってましたね。小さん師匠を目の前にして、

「破門されりゃぁ、師匠も弟子もねぇんだからな」

なんてことを、平気で言っていましたよ（笑）。だから有名な話で、落語会の

［＊1］小さん…五代目柳家小さん。1950年五代目小さんを襲名。滑稽噺に定評があった。1972年落語協会会長に就任し、その在任中の1978年談志を破門。1995年人間国宝に認定される。2002年逝去。

楽屋で、小さん師匠と談志師匠が一緒になったときなんか、もう、緊張感溢れる何とも言えない空気になって、……それで、小さん師匠はもう不機嫌なんですよ、談志がいるから。それで談志は平気なの。「ふぁ〜」なんて言って、大勢のお客に取り囲まれて、ワザと疎外してこっちで盛り上がるんですね（笑）。で、小さん師匠は一人淋しく、もう、不機嫌そうなんです。で、

「（談志の口調で）ねぇ、師匠、ちょっと、こっちへ」

「（小さんの口調で）……なんだい？」

　パン！　デコピンしました（爆笑・拍手）。人間国宝をデコピンですよ。

　それで、もう一人の人間国宝、上方の米朝［＊2］師匠。わたしが談志の鞄持ちで付いて行って、もう、真打に上がっていましたけれども、『米朝、談志二人会』っていうのがあって、打ち上げで、こう、飲んでいて、わたしはまぁ、お付きの弟子ですから、米朝師匠とは一切目も合わせない。そうしたら、談志が、

「（談志の口調で）米朝さん、俺の弟子の志らく。うん、こいつは俺の後継者だから、一番こいつが才能があるから」

　て、こう言ったら、米朝師匠の顔色がスッと変わって、で、酔っぱらっているのに、シャキッとして、それで、

「さよか、うん」


［＊2］米朝…桂米朝。1947年四代目桂米團治に入門、三代目米朝となる。当時衰退していた上方落語復興のため東奔西走し、多くの埋もれた演目を復活させた。1996年人間国宝に認定される。2015年逝去。

カッと飲んで、……固めの杯《さかずき》ですよ。人間国宝に固めの杯をいただいて、わたしは大変にいい思い出です。そうしたら、談志はべろべろに酔っぱらって、もう、米朝師匠にジャレまくって、終いには、もう、へべレケに酔っぱらって、道頓堀でもって米朝師匠のことを抱きかかえて、

「（談志の口調で）俺はアンタが好きだぁー！　うわぁー！」

って、やったら、もうサバ折り状態になって（爆笑）、

「止《や》めなはれ！　止めなはれ！」

って、悲鳴をあげてましたよ（笑）。人間国宝を折りそうになりましたからね（笑）。

で、小さん師匠が亡くなったときに、談志は弔いに行かなかった、これを方々から、非難された。それで、新聞記者から、

「なんで、幾ら破門されたとは言え、親子以上に仲が良かった。二人、愛し合っていたのに、お別れぐらい行くべきじゃないですか？」

って、言ったときに、……こりゃぁ喧嘩になるかなと思ったら、談志が、

「（談志の口調で）小さんは、俺の中にいるんです」

って、こう言ったんですね。え〜、ということは、わたしの中に、談志がいて、小さんもいるという（爆笑）、非常に大変な状態なんです。

まぁ、今日は芝居関連の噺を三つ、……三つといっても正確に言うと『淀五郎』[＊3]と、『中村仲蔵』[＊4]なんですけれど、この『なめる』[＊5]って噺は、過去に一度だけ演った記憶があるのですが、まぁ、殆どネタ下ろしみたいな、感じですね。

芝居というと、わたしももう、かれこれ自分の劇団で20作ぐらい演出をやって、それから他の人の芝居もやれば、一人芝居も合わせりゃぁ30本ぐらいやって……、まぁ、最初のうちは評判も散々だったのですが、去年あたりからようやく評判が良くなって……。で、困ったことに、もう、去年の芝居をやったときに、一人芝居もそうですが、だから、ダニーローズの芝居も今年再演しますが、……もう、お客さんが皆、

「いやぁー、志らくさん。落語より良かったですよ」

こう言うんです(爆笑)。これ、一番腹が立つんですよ。「落語より良かった」って、じゃぁ、30年以上演って、まだ芝居は精々10年なのに、「落語より良かった」って、「なに言ってんだ」って、もの凄く腹が立ったんですよ。だけども、芝居を観た人が、ZAZEN BOYS[＊6]の向井さんでも、クドカンでもそうですが、

[＊3] 淀五郎…歌舞伎界を舞台にした人情噺。澤村淀五郎は座長の指名で抜擢され『忠臣蔵』の判官役をもらった。だが、大事な見せ場で座長は淀五郎に芝居をさせてくれない。役者の悩みと芸論が胸を打つ。

[＊4] 中村仲蔵…同じく歌舞伎界を舞台にした人情噺。中村仲蔵は『忠臣蔵』で初めて役をもらったが、五段目の斧定九郎という一役だけ。この地味な場面を後の人気幕に仕上げ、後世に名を残したという出世譚。

[＊5] なめる…いわゆる下ネタに類する噺。八五郎は芝居小屋で美しい女と知り合い、その誘いに乗って二人だけになった。すると女は自分のお乳の下にある出来物をなめてくれ、と頼んできた、という演目。

「やっぱり志らくさんは、落語のほうががイイですよ」
って、言うと、それもまた腹が立つ（爆笑）。
「なんだよ、これだけ一所懸命芝居やっているのに。ふざけんな」
って、気持ちになる。だから、どっちにしても腹が立つことで、あんまり精神衛生上よろしくないような気もするんでございますけれども……。

え〜、『なめる』という、これは名人六代目三遊亭圓生［＊7］師匠がたまに演った噺で、圓生師匠ってのは、それこそ人情話なんぞ演らせたら、そりゃぁもう、右に出るものはないぐらいの名人でございますけれども……。悪趣味なのか、性格が何処かねじれ曲がっていたのか、なんだか、そういう変な噺を演るんですね。落語が大体三百から五百席ぐらいあって、まぁ、今居る落語家が演っているのは精々二百から三百ぐらいの噺を演る訳ですよ。で、わたしの持ちネタも、大体二百ちょっとくらい、それをこの国立（演芸場）の『大全集』でもって、16年かけて全部演っちゃおうと……、ですから今日みたいに『なめる』なんて、訳の分からない噺もエントリーされる訳で……。

その三百、五百ある落語の中から、もっとも気色の悪い不愉快な落語ってのが、三席あって、それが『鼻欲しい』［＊8］、それから『おかふい』［＊9］、で、

［＊6］ZAZEN BOYS…２００３年結成の日本のロックバンド。リーダーは元ナンバーガールの向井秀徳（むかいしゅうとく）。

［＊7］六代目三遊亭圓生…昭和の名人とされた落語家。長編の人情噺から軽い噺までどんな演目も上手くまた面白いと言われた。１９７８年当時の会長小さんと対立し、落語協会を脱退、落語三遊協会を設立した。１９７９年逝去。

［＊8］鼻欲しい…遊びが過ぎて鼻がかけてしまったお侍。喋ると発音が鼻に抜けてしまってどうにもしまらない。気晴らしに出かけたところ馬子にまでからかわれる、という演目。

『なめる』。これがワースト3なんですね（笑）。で、そのワースト3をよく演っていたのが、この名人の圓生師匠なんです。他の人は気持ちが悪くて、こんな噺は演らないんですけれども、……何を言っているかというと、言い訳をしているだけですから（笑）。その代わり、このあとで、『淀五郎』と『仲蔵』っていうのは、ちゃんとした、……ちゃんとしたっていうか、よく出来た落語でございますよ。とにかく気持ちが悪い。バックボーンが芝居だという、それだけの噺でございます。

『なめる』へ続く

［＊9］おかふい…万屋の番頭は遊び過ぎで鼻がない。主は病にかかり、残す美人嫁が他の男に惚れられぬよう鼻をそげと頼む。その後奉行に訴えられた主の鼻もそぐことに。そこで喋る3人の発音がとても変。という訳の分からない演目。

二つ目の喜び

2017年1月19日 第9回立川志らく落語大全集 国立演芸場『中村仲蔵』のまくらより

【まくらの前説】

落語家の身分制度……入門が許されるまでの間を見習い。入門が許されて、寄席で働けるようになるのを前座。ただし、落語立川流は寄席が無いので、落語会の会場で師匠のお世話が出来るようになること。前座仕事と師匠の世話から解放されて、二つ目。最後に真打となり、弟子をとることが出来る。

落語家の身分制度って厳しいんですよ。中でも、談志は厳しかったです。前座の頃にね、鞄を持って談志の側にね、仕事に付いて行って、で、向こうの人は分からないから、

「さあ、お弟子さんもどうぞお座りください」

「いやぁ、わたしは結構です」

「いやいや、お座りください」

「いやいや、結構です」

「まぁ、いいから、座ってください」

って、言うと、談志から怒鳴られた。

「(談志の口調で)バカヤロウ! この野郎! こちらの人に気を遣わせるな、バカヤロウ! 消えろ!」(笑)

「はぁ、すいません」

なんて、そういう怒られ方をしましたね(笑)。とにかく前座から二つ目になるのが一番嬉しい。わたしも、前座から二つ目になったのが、僅か2年半しか修業をしていませんけれども、初めてなったときには、もう、本当にこんなに幸せなことがあるんだと。それで、落語会を演《や》っても、それまでは前座っていって羽織も着ることが出来ない。羽織を着ることが出来て、たまたま行ったイベントで

もって、司会の人がいたんで、それまでは、

「前座、落語家の卵の志らく君です」

なんて言われていたのが、

「二つ目の志らくさん」

と、こう言われる。ただ、この二つ目というワードがあまり有名ではないので、

「とにかく二つ目の」

と、これは強調しておかないと、司会の人に、

「とにかく〝二つ目〟って言ってください」

と、司会の人は、

「はい、分かりました」

で、本番になって、

「はい、二枚目の志らくさん……」（爆笑）

二枚目です。決まりが悪くなってしまいました。

『中村仲蔵』へ続く

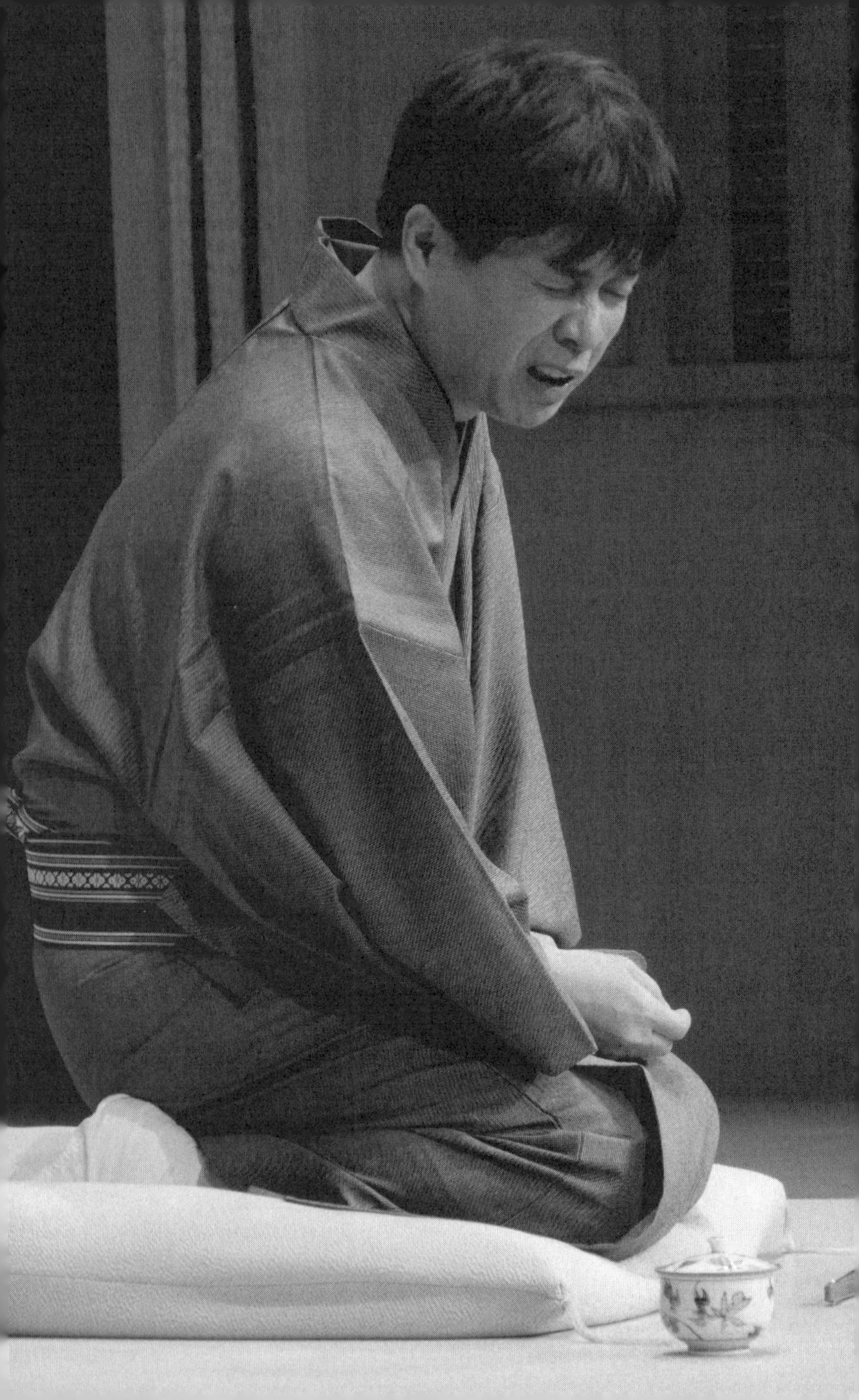

『ひるおび』の人？

２０１７年７月19日 第11回立川志らく落語大全集 国立演芸場 『引っ越しの夢』のまくらより

近頃めっきり、『ひるおび』［＊1］の人になってしまいまして……（笑）。これはもう落語家としては、本当は問題なんでございますけれどもねぇ……。

「なんで、『笑点』に出ないの？」

って、こう言われたときに、

「『笑点』の人と呼ばれるのが嫌だから、『笑点』には出ません」

と、言っていた人が、じゃぁ、『ひるおび』の人でいいのかという問題なんですね（笑）。

あのう、それまで、『ひるおび』に出る前までは、立川志らくというと、知る人ぞ知る。落語ファンだったら、皆、知っていると。え～、で、まぁ、落語ファンであるならば、わたしのお客さんでなくても、立川談志に、え～、寵愛を受けた（爆笑）、弟子。で、よく言えば、談志イズムの継承者。悪く言えば、談志擬《もど》き（笑）、……ですよね。それ以外でも、映画好きの落語家さんみたいな、そのぐらいの感じだったんですね。

それが『ひるおび』に出たおかげで、今は、……そりゃぁ、ここに来ているお客さんは、相変わらず落語と格闘している全身落語家だと思って見に来ていらっしゃるでしょうけど、志らくといえば世間の殆どの人が、『ひるおび』に出ているいい加減なコメンテーターという（爆笑）。そっちのほうが知名度は断然上に

［＊1］ひるおび…TBSテレビ月～金曜日午前10：25～午後13：55の情報番組。司会は恵俊彰、現在志らくは月～金・午前のコメンテーターとしてレギュラー出演している。

なってしまっているという……。これが果たして、良いのか悪いのかということなんですよね。

で、わたしは、落語を32年、もう、30年以上こう演《や》っていて、

「テレビなんか出なくていいんだ」

とか、

「このまんま、自分のやりたいことをやり続ければいいんだ」

と、もう、そういう風に決めていた訳です。

「何があったって、別にテレビなんか出ることないだろう」

と、そう思い込んでいたのが、え～、キッカケは前にも話をしましたけれども、談春兄《あに》さんです。あの人がこうテレビにたくさんちょこちょこ出て、で、近頃出ませんけれども、そりゃぁ態度が悪いから二度と呼ばれない（爆笑・拍手）。それだけのことなんですけれど。……その談春兄さんが、自分がテレビに出ていろいろチヤホヤされたときに、わたしに向かって、

「俺のテレビのおかげで、お前の独演会にも、俺のおこぼれの客が行くだろう？」（爆笑）

って、こう言ったんです。これが、カチーンッと来て（笑）、じゃぁ、出てやるよ、と。それで、渡りに船で、

「『ひるおび』のレギュラーをやりませんか?」

って、言ってくれて、出るようになったという。談春兄さんのあの一言が無かったら(笑)、わたしは多分テレビに出ていないと思うんですね。だから悪いのは、あの人なんでございますけれども(笑)。

それで、『ひるおび』だけに留まらず、声がかかるといろんなところにちょこちょこちょこちょこ……。ですから、今、日本中の落語家の中で、一番テレビにたくさん出ている落語家になってしまいましたのでございますよ。数でそうなっているんですね。オリコンのブレイク・タレント・ランキング、落語家だけじゃないです。一番たくさんテレビに出ている人はっていうと、そりゃぁ、お馴染みの人がズラァーッと並んでいる訳ですよ。ブレイク・タレント・ランキングってのがあって、それまでテレビにあまり出てなかったのが、急に出始めた。ブレイクしたタレントはいったい誰なんだろうっていうオリコンの発表があって、2位が平野ノラ[*2]という、あの、「しもしも」って赤い服着た、あの女の子。彼女を2位に押さえて、1位がわたしなんですね(爆笑・拍手)。……拍手するようなことではない。わたしはそれ見て、ビックリして、

「えっー!?」

って(笑)。それまで、年間6本だった人間が、135本。え〜、要は129

[*2] 平野ノラ…お笑いタレント。バブル時代に流行したファッション&髪型&発言が特徴。小道具にショルダー式の携帯電話(紙製)を持つこともある。

本プラスという……。だからこれは、わたしの親戚やなんかは喜んでいるんですよ、とっても。

それまでは、親戚だとかね、そういった人には分からないですから。幾ら、落語の世界で、こうだと言っても、

「でも、テレビで見かけないから、友だちに話をしたって、『知らない』って言われちゃう。出てよ」

って、もう、親戚やなんかはそう言うんですよ。で、親戚がなんか言ったときに、わたしが言うのは、

「いや、違うんだ。わたしは立川談志から暖簾分けをされて、談志の、この老舗の味を守っているんだ」

と（笑）、

「だから、わたしは老舗の味をなんとか一つ星をもらえるかどうか、三つ星レストランになるが為に、わたしの味を知りたかったら、とにかく店に来てください。という、こういう商法だから、テレビなんか出ないんです」

と、言っていたのが、一番（テレビに）出るようになってしまって（爆笑）、節操も何もないという、実に恥ずかしい状況なんで……。

でも、いいんです、もう。談志が言っていた、

「人生成り行き」

って、いうのがありますから、もう、こうなりゃぁ、何にでも出ますから、もう、終いには本当に『笑点』に三平の替わりに出るのかも知れません、はい（爆笑・拍手）。もう、来りゃぁ、何だってやりますからね。下手すりゃぁ、アレですよ。都民ファーストの会［＊3］から、出馬したりするかも（爆笑・拍手）。もう、なんだってイイんです、もう。

まぁまぁまぁ、恥も外聞もないっていうのは、このことなんです。

最近は面白い人に出会っていますね。ひふみん［＊4］は好きですね、将棋の。あの人は面白いですよ。何を言っているのか分からないのに、面白い。だけども、頭は天才的に良いという凄い人ですよ。

あの、籠池さん［＊5］も、わたしは好きですね（笑）。最初は、なんか、イヤァーな奴が出てきたなぁと、思っていた、段々段々、哀愁をおびちゃって（笑）、秋葉原でもって安倍さんの演説のときに、警備員に連れていかれるあの及び腰というのは、昔のコメディアンのカタチですよね（爆笑）。どこ行ったって、百万円を持ってきちゃうオジサンっていうのは（笑）、堪らなく面白いじゃないですか。

［＊3］都民ファーストの会…２０１６年に小池百合子が創設した東京都の政治団体。

［＊4］ひふみん…加藤一二三。将棋棋士。九段。２０１７年現役を引退しタレントとなった。

［＊5］籠池さん…籠池泰典。森友学園理事長。こちらも国有地の購入に元安倍内閣が便宜を図ったのではないかとされた事件の中心人物。

［＊6］蛭子さん…蛭子能収（えびすよしかず）。漫画家、タレント。２０２０年９月初期認知症であることを公表した。

「嘘つくなぁ〜！」

かなんか、言ったりすると、（懐から）自分から出して、最初は2万円しか持ってこなかった（笑）。あんな嘘つきはいない。奥さんだって面白いですよ、もう。林家ぺーさんみたいな顔しちゃって、もう（笑）。

邪悪な面白さが籠池さんで、純粋な面白さが将棋のひふみんですね。この2人を足すと、蛭子《えびす》さん［＊6］になると、近頃気がついた（爆笑）。邪悪な赤ちゃんと呼ばれている蛭子さんですからね（笑）。もう、わたしは蛭子さんとの付き合いは、30年以上になりますが、あんなに失礼な人はないですね。ビックリしますよ。

あの柳亭市馬《りゅうていいちば》［＊7］兄《あに》さんと2人で、博品館で『懐メロコンサート』という落語を演らずに、2人でもって2時間歌いまくろうという、地獄のような（爆笑）、『寝床』［＊8］みたいな会を演ったことがあるんですよ、フルバンド、全部入れて。それでもって、2人で三橋美智也《みはしみちや》［＊9］を歌ったり、岡晴夫《おかはるお》［＊10］を歌ったり、それでお客はそのクレージーな会をそれなりに楽しんでくれるという、粋な客が集まった訳です。そこにどういう訳か、蛭子さんが客席にいたんですね（笑）。終わってから楽屋に入ってきて、

「志らくさん、面白かった」

［＊7］柳亭市馬…落語協会会長。どっしりとした語り口で人気。歌も上手く、自慢ののどを聴かせる演目が多い。日本歌手協会にも所属している。

［＊8］寝床…義太夫が大好きだが、下手で声がひどいという大旦那。今日も自分の店で近所の人を集めて義太夫を披露しようとするが、人々はいろいろ理由を付けて断ろうとするという演目。

［＊9］三橋美智也…昭和を彩った人気歌手。民謡歌手。『達者でナ』『星屑の町』他ヒット曲も多い。おやつのカールのあののんびりとしたCMソングでも知られている。

「ええ、本当？　蛭子さんにあんまり誉められたことないから、嬉しいねぇ。面白かった？」

「面白かった。面白かった。面白かった。断然落語より、面白い」

　こんな失礼な奴はいない（爆笑）。「断然落語より面白い」って、ビックリしましたね。

　わたしの演っているお芝居にも、何回か、こう、出演をしてくれて……。それで、芝居中に、「ラジオに呼ばれたから、出ていいですか？」

「ええ」

「じゃぁ、この芝居の宣伝をしてきますから」

「本番には遅れないでくださいよ。皆で聴いてますから」

「ああ、頑張ってきます」

　かなんか言って、で、こう、聴いていたならば、一向に芝居の話をしないんですよ。ずっと自分のギャンブルの話だとか、ええ、なんか、（別の）話をしている。したら、パーソナリティーの人が、気を利かせて、

「ええ、あの、蛭子さん、今の志らく師匠のお芝居に出ているんでしょう？」

「は、はぁい」

「宣伝してくださいよ」


［＊10］岡晴夫…終戦後の昭和を明るく勇気づけた人気歌手。『東京の花売り娘』『憧れのハワイ航路』などヒット曲も多い。

って、言ったら、

「はぁ？　宣伝するほどの芝居じゃないですよ」（爆笑）

こんな酷いことを言う。ビックリしましたね。

もう舞台上でセリフを忘れるなんて、日常茶飯事。本当に忘れる訳です。忘れるとお客様は笑う。そうすると、普通の人だったら……、純粋な人だったならば、

「ああ、これはいけない。なんとかしよう」

って、頑張るんだけど、やっぱり邪悪な心があるから、

「あ、ウケたな」

っと、奴は思う訳ですよ（笑）。そうすると、次の日の芝居で、ワザとそこを間違える。間違えるとウケると分かっているから……。だけども、今度は他のところを間違えちゃう訳、そうすると、また、ここで、ウケると、

「よしっ！　ここもウケるだろう」

日々それが増えていって、もう、千秋楽［＊11］になると、30か所ぐらい、こう、ワザと間違えるようになった（爆笑）。そういう邪悪な人ですけど……。

簡単なセリフを覚えられないですね。ミッキー・カーチス［＊12］演じる神様が、竹本孝之［＊13］演じる悪党を、最後、クライマックス、「ワァッ」ってんで、ネズミに変えてしまう。すると、一回暗転して、竹本孝之がパッと消えて、

［＊11］千秋楽…歌舞伎などで同じ演目を続けて興行する場合の最終日のこと。大相撲でもこの表現が使用され、現在では演劇なども同様に使う。

［＊12］ミッキー・カーチス…ロック歌手。音楽プロデューサーとしてはキャロル、ガロなどをデビューさせた。俳優。立川流Bコースで落語もやっていた。

［＊13］竹本孝之…歌手。俳優。同期デビューの近藤真彦、沖田浩之らとともにアイドルとして活躍した。

音だけで、タッタッタッタッタッタッてネズミが走る。これは映画や何かだったら、CGでも本当のネズミをこうやって放しゃぁイイんだけど、芝居はそれが出来ませんから、音だけで、タタタタタタタタッ。それで、「チュー」とかなんとか言ったりすると、これはせこくなるので、とにかくタタタタタッと足音だけを聞かせて、蛭子さんの股下を通って、蛭子さんがジャンプして、

「キャァー！　ネズミだぁ！」

って、言うと、ネズミだっていうことが分かる。そういう演出だったんです。それを蛭子さんは、

「キャァー！　ネズミだぁ！」

って、これを覚えられないんです（笑）。もう、本番になると、タタタタタタッ、ただ、

「キャァァァァァ！」

って、言う。「ネズミだ」って言わない訳ですよ。すると何だか分からない訳ですよ。終わってから、

「何で、『キャァー！　ネズミだ！』って言わないんですか？」

「いやいや、感情がこもりすぎて、とにかく自分の足元にネズミが来たと思ったら、自分だったら、もう、『ネズミだ』だなんて、言っている暇がない。だか

ら、『キャァー』って驚いちゃって……」

　自分なりに演技プランがある訳で（爆笑）、

「演技プランはどうでもいいから、感情はいいから、『ネズミだ』って、言ってくれないと困るんだよ」（爆笑）

　それで、次の日も、結局、

「キャァァァァァ！」

　って、言って、言わないんだよ。もう、3日目、4日目、言わない。最後はもう、皆の前で怒って、

「あなたねぇ、子供じゃないんだから、出る前に台本でもって、

『キャァー！　ねずみだ、ネズミだ』

　って、何遍も繰り返して、それで演ってください。言わないと困るんですよ」

　って、言ったら、

「はぁー、分かりました」

　もう本番始まっているから、出番前に楽屋でもって、一所懸命に、

「自分は、ネズミって言わなくちゃいけない。自分は、ネズミって言わなくちゃいけない。自分は、ネズミって言わなくちゃいけない！」

　で、舞台に上がって、タタタタタタッ、パァーンと飛び上がったときに、

「チュー」

って、訳が分からない（爆笑）。自分がネズミになってどうする。台本でもって、自分はネズミって言わなくちゃいけない。自分はネズミって言わなくちゃいけない。自分はネズミ、自分はネズミ。え、自分はネズミになったという（笑）。もう、その辺は純真といえば、純真なんですけれども。そういう不思議な人でございます。ん、まぁ、蛭子さんなんかには、〝江戸の風〟［＊14］は吹かないんでしょうけれどもね。

今日のテーマは江戸の風という、実に微妙なテーマでございます。普段滅多に演らないこの『引っ越しの夢』［＊15］というのは、え〜、どことなく江戸の風が吹いている……。江戸の風が吹けば吹くほど演り手が少ないというのが、近頃分かってきました。非常に難しいことなんでしょう。

『引っ越しの夢』へ続く

［＊14］江戸の風…立川談志が最晩年に提示した落語に関する哲学。

［＊15］引っ越しの夢…ある大店では奉公人皆が女好き。そこへ美人の女中が雇われた。番頭や手代は女中の部屋に夜這いをかけようとしたが梯子が外されていたので四苦八苦、という演目。

マナーの悪い奴を田舎者と定義づける

2018年1月18日 第13回立川志らく落語大全集 国立演芸場『権兵衛狸』のまくらより

今日はテーマが『田舎者』という……、別に田舎者を揶揄したり、つまり、馬鹿にしているという訳ではなく、この狭い日本の中で、今の時代に田舎者なんてなぁ、おりませんで……。そりゃぁ、随分昔は地方に行くと、落語がなかなか通じない。一人で独演会に出かけると、

「あのぅ、あれぇ、座布団は何枚並べるんですか?」

と、落語イコール『笑点』だと勘違いをされるだとか（笑）。落語家が田舎へ行くと、「噺家が来た」ってんで、鉄砲を持って来られて、カモシカと間違えられる……、面白くもなんともないようなエピソードがありますけれど……。

今、まったく関係ないですからねぇ。あのう、山口県からちょっと行った周防大島［*1］という、……そこの公民館みたいなところで年に1回独演会を演《や》っているんですけれども、地元のお爺ちゃん、お婆ちゃんだけで、3、４００人ブワァーッと、それこそ爺婆を佃煮にするほど、ブワァーッといる訳です（爆笑）。で、お爺ちゃんお婆ちゃん用のネタは演らないです。普段と同《おんな》じまくら、で、東京で演っているのと全く同じ落語を演って、東京と同じ反応が返ってくるんですね。ですから、もう、田舎なんてぇのは、そういう発想は無いのでございます。ただ、マナーの悪い奴を捕まえて、これを田舎者と定義づける。例えば、地下

［＊1］周防大島（すおうおおしま）…山口県の南東部、瀬戸内海に位置する大小いくつかの島からなる町。

［＊2］白鵬…第69代横綱。モンゴル出身。２０００年宮城野部屋に入門。２０１９年日本国籍を取得、間垣を経て宮城野を襲名、親方となる。

［＊3］稀勢の里…第72代横綱。茨城県出身。２００２年田子浦部屋に入門。２０１９年引退、現在は年寄・二所ノ関。

［＊4］北の湖…第55代横綱。北海道出身。１９６６年三保ケ関部屋に入門。１９８５年引退。一代年寄となり北の湖部屋を創設。日本相撲協会理事長も務めた。２０１５年逝去。

鉄に落書きをしちゃうような、そういった奴らのことを、まぁ、田舎者というのかも知れませんけれども……。

まぁ、落語に出てくる田舎の人ってのは、それはもう、なんか、のほほんとした、ものの分からないような、そんなイメージがあるのかも知れませんが……。人はイメージで判断しちゃいますからね。

相撲なんか随分イメージが悪くなっちゃいましたね、なんだか。もう、白鵬［＊2］が休場して、稀勢の里［＊3］がボロボロになって、……わたしはいつしか、なんだか知らないけれど、大相撲のご意見番みたいなポジションになっちゃって（爆笑）。

中には、

「何だよ、俄《にわ》か相撲ファンのくせに……」

って、言われたりして。わたしは、結構相撲の観戦歴史は長いのでございます。北の湖［＊4］だとか、輪島［＊5］だとかが、ちょうど上がってきたあたり、え〜、それから二代目若乃花［＊6］、若三杉［＊7］が新入幕の頃だとか、明確に覚えていますね。え〜、贔屓だった力士は鷲羽山［＊8］だった。え〜、わたしはどっちかっていうと地味な関取が好きでして、横綱でも三重ノ海みたいな地味な、それから横綱の隆の里［＊9］。もう、前頭を行ったり来たり行ったり来たりし

［＊5］輪島…第54代横綱。石川県出身。１９７０年花籠部屋に入門。１９８１年引退後プロレスラーとなる。２０１８年逝去。

［＊6］二代目若乃花…第56代横綱。青森県出身。１９６８年初土俵。大関時代は若三杉、横綱昇進の際に若乃花と改名。１９８３年引退、間垣を襲名。２０２２年逝去。

［＊7］若三杉…前述の若乃花の大関時代までのしこ名。

［＊8］鷲羽山…元・関脇。岡山県出身。１９６７年初土俵。１９８５年引退。年寄で境川、出羽海を経て現在は高崎。

て、絶対大関なんかになる訳がないと思っていたのが、稽古場、横綱が、パァッと、それはもう千代の富士［*10］相手に、ドンドンドン、どういう訳だか強くなって……、どういう訳だかっていうのは置いておきますけれど（笑）、理由は言いませんけれど（爆笑）。

あのう、芸能界で八百長問題に一番初めに斬り込んだのは、わたしですからねぇ（笑）。あのう、平成元年の『ヨタロー』［*11］という深夜番組で、まだ20代のわたしはテレビに出ていて、そこにゲストに蔵間［*12］が来たんですよ。そこで、蔵間の相撲講義を若手落語家が聞くと。で、質問コーナーで、わたしは「はい」と手を挙げて、

「蔵間さん」

「何ですか?」

「相撲界に八百長はあるんですか?」

って、言ったら、スタジオじゅう、嫌《いや》ぁな空気になって（爆笑）。で、蔵間は本気で怒っていましたね。

「ある訳ないでしょう!」（笑）

なんてなことを言って……。あったじゃないですかねぇ（爆笑・拍手）。テレビで最初に大相撲に対して、八百長という言葉を遣ったのは、わたしでございま

［*9］隆の里…第59代横綱。青森県出身。1968年初土俵。1986年引退。その後鳴門部屋の師匠となり、2011年逝去。

［*10］千代の富士…第58代横綱。北海道出身。1970年初土俵。1991年引退。九重部屋を継いだ。2016年逝去。

［*11］ヨタロー…TBSテレビで1989年からスタートしたバラエティ番組『平成名物TV』の深夜コーナー。各団体の若手落語家たちが出演し大喜利やコントで競う。志らくは談春とともに立川ボーイズとして出演していた。

す。

ただ、どっちかって言うと、そういう地味な地味な相撲取りが好きで、ただ、わたしは、貴乃花［＊13］のことは擁護しているけれども、貴乃花のファンでも何でもないですからねぇ。どっちかっていうと、あの理事会にいる間抜けな連中の現役時代のファンですから、わたしは（笑）。ただ、良い悪いで判断をしているというだけでございますから……。

え〜、まぁ、あのう、北勝海《ほくとうみ》の八角《はっかく》親方ですか、あの理事長……、しょっちゅう言ってますけど、テレビでも言いましたけれども、本当にちょっと、「三瓶です」［＊14］にしか見えない（爆笑）。貫禄というものが無いんですよね。一番貫禄があるのは、貴乃花親方じゃないですよ。あの、池坊《いけのぼう》さんですからね（爆笑）。もう、わたしは生放送で、「池坊親方」と言って、もの凄く怒られましたから（爆笑）。

え〜、まぁ、相撲の話は置いておいて、田舎が舞台、田舎者が主人公の落語で……。『権兵衛狸』で……。

『権兵衛狸』に続く

［＊12］蔵間…元・関脇。滋賀県出身。１９６８年初土俵。１９８９年引退。年寄で錣山。１９９５年逝去。

［＊13］貴乃花…第65代横綱。東京都出身。１９８８年初土俵。２００３年引退。一代年寄として貴乃花部屋を創設。元相撲協会理事。現在はタレント。

［＊14］三瓶です…吉本興業所属のお笑いタレント・三瓶のキャッチフレーズ。癒やし系のお笑いとして一時人気を博した。

志ん駒師匠の思い出

２０１８年１月18日　第13回立川志らく落語大全集　国立演芸場　『鼠穴』のまくらより

今日、古今亭志ん駒［*1］師匠がお亡くなりになりました。81歳ということで、これは協会が違うからあんまりお会いすることがないのですけど、わたしには忘れられない思い出があって、まぁ、ヨイショの達人と言われた人で、若い頃は杉良太郎［*2］にぴったりくっついて、あのやかましい杉良太郎を常にヨイショで快適にしていたという（笑）、そういうお師匠さんでございました。

本なんかにも書いたんですけれども、わたしが大学生の頃、先代の十代目金原亭馬生［*3］師匠が大好きで、

「馬生師匠の弟子になりたい」

と、ズゥーッと思っていて、それで、

「馬生師匠の弟子になるんだ」

って、決心した10日後に、馬生師匠はお亡くなりになってしまって、で、まったく面識もなんにもございません。でも、馬生師匠には自分の気持ちはちゃんと伝えるんだと、それで、新聞に当時は住所なんか掲載《でて》いたんですね、亡くなった方の……。で、お葬式があるからというので、山手線に乗っかって、日暮里まで来ました。

それで、ハッと気がついたのは、受付のところでもって、香典を持っていないということに気がついて、そりゃぁ、貧乏学生ですから、……で、帰りに寄席に

［＊1］古今亭志ん駒…１９６３年古今亭志ん生に入門。１９７６年真打昇進。２０１８年逝去。

［＊2］杉良太郎…俳優。歌手。時代劇スターとして活躍。『遠山の金さん』では主演だけでなく歌手として主題歌『すきま風』をヒットさせた。

［＊3］十代目金原亭馬生…１９４２年父古今亭志ん生に入門。戦後すぐに志ん生が満州へ行ってしまい苦労をした。１９４８年真打昇進。翌年馬生を襲名。父とは正反対の端正な芸風で人気を得た。

行こうってんで、そのお金は2千円ぐらいあって、あとは交通費でジャラ銭《せん》で……。で、ジャラ銭をこうやって、「お香典です」って渡す訳にもいかない。お賽銭じゃないいんだからね（笑）。

で、お香典なくて、それでもって面識も何にもない、ただの一ファンですから、それで、

「弟子になりたかった」

って、勝手に思っているだけなんで……。ズゥーッと電信柱の陰に隠れて、

「誰か同じような境遇の奴はいねぇかなぁ？」

なんて……（笑）。居る訳がない。で、ずっとこうやって見ていたならば、受付の人が、

「何か御用ですか？」

と、声をかけてきたんで、

「いやいやぁ、……実はあのう、馬生師匠のファンでございまして、本当は弟子になりたいとずっと思っていたんですけれども、それで、あのう、お香典が無いんです」

って、言えば良かったんですけれども、こっちは舞い上がっていますから、

「え〜、御祝儀が無いんです」（爆笑）

って、訳が分かんないことを言った、そうしたら、

「こりゃぁ、怪しい奴だ！」

祝儀泥棒だか、なんかだと、というか香典泥棒みたいのが居るじゃないですか？

「いや、ダメです」

って、押し問答、

「いやいや、お願いです。お焼香だけでも、手を合わせるだけでも……」

「いや、ダメです」

って、こうやって押し問答をしていたならば、そこに、若き日の志ん駒師匠、同じ一門でございますから、スッと出てきて、

「(志ん駒の口調で) どしたぃ？　何か揉め事かい？」

っと、こう言うから、

「いやぁ、あのねぇ、こちらの若い人がお香典も何もなくて、それで、ただのファンだって言うんです。それで、お焼香したいって言うから、今、もう、困っちゃって……」

って、言ったら、

「(志ん駒の口調で) えっ？　おまえさん、あの、師匠のファンなの？　ふぅ～

ん、良い了見だねぇ。いいよぉ、金なんか要らないよ。……ヨォン」

なんて、ヨイショしてくれるんです（爆笑・拍手）。わたしにヨイショしたって、こっちはジャラ銭しかない訳でね。それで、志ん駒師匠に手を引かれて、それで、手を合わせて、ちゃんと自分の意思を馬生師匠に伝えることが出来たという。だから、志ん駒師匠がいなかったら、馬生師匠にちゃんと自分の意思を、

「本当は弟子になりたかったんですよ」

って、ことを伝えることが出来なかった。

それを後年、もう2、3年前ですかね、楽屋でご一緒になったときに、「いや実は、こんなことがあって」って話をしたらば、

「（志ん駒の口調で）本当かい？　イイ話だねぇ、う〜ん、ヨォ」

なんて、またヨイショされちゃったりなんかして（爆笑）。そんな思い出がございますけれども……。

まぁ、それも一つの縁でございまして……。やはり、縁というので一番深いのは、家族の、この絆みたいな……、そりゃぁ、もう、どんなことがあったって、お父つぁんとお母さんが縁《つか》があって出会って、そこで出来た子供、そこでこう、兄弟なんてぇのは、これはもうとにかく、深い結びつきがございます。

『鼠穴』［＊4］、これはまぁ、談志の『鼠穴』が一番でございますね。爆笑問題

［＊4］鼠穴…談志が得意とした長編人情噺。田舎から来た弟に、江戸で成功した兄が「お前も商売をしろ」と小銭を渡す。これに腹を立てた弟は一念発起し大店にのし上がる。久しぶりに兄を訪ねた弟は真実を知ることになるという演目。

［*5］の太田君なんかも、この『鼠穴』を聴いて衝撃を受けたという。え〜、『芝浜』ではなく、ズゥーッと談志というとイコール『鼠穴』という時代がありました。え〜、まぁ、談志の『鼠穴』は、若い頃から完成していて、名人の圓生師匠の『鼠穴』なんかを聴いても、なんかちょっとネットリした感じで、違うような……。談志の聴いちゃうと、そっちのほうが江戸前なんですね。田舎者の噺なんだけれど、江戸前に感ずることが出来た。それで、ユーチューブで志の輔兄《あに》さんの『鼠穴』があったんで、それを昨日聴いたらば、……あんまり、良くないんですね（爆笑・拍手）。田舎者が田舎者を演《や》るとダメな……、いや、そんなことはない（爆笑・拍手）。気持ちは、了見は分かる筈なんですけれども、やっぱり志の輔兄さんは他の新作のほうがずっと面白くて、……まぁ、わたしは談志の『鼠穴』を踏襲して演りますけれども。まぁ、冬の寒い、火事の多い、そんな江戸のお噺でございますが……。

「え〜、旦那様、お国表から竹次郎さんという方がお見えになりました」
「おぅ。竹ぇ〜来たかぁ……

『鼠穴』に続く

［＊5］爆笑問題…漫才コンビ。メンバーの太田光は立川談志を尊敬しており、談志もそんな彼らを可愛がっていた。

落語界のパワハラ

２０１８年10月10日 第16回立川志らく落語大全集 国立演芸場『替り目』のまくらより

まぁ、パワハラ、パワハラなんて言っていますけれども、落語界なんかパワハラの温床みたいなもんで。そりゃぁ、もう、立川談志なんて、パワハラの親方ですから。これは、もう、有名な話で、わたしの先輩が前座の頃ですよ。立川談志が夜の11時に、

「(談志の口調で) ぉい、あのぅ〜、肉屋の揚げたてのコロッケが食いてぇから、買ってこい」

って、こう言って、それで、肉屋に行けばやってる訳が無い。夜の11時ですから。で、コンビニが未だない時代ですから、揚げたてのコロッケなんか無い訳ですよ。それで、戻ってきて、

「師匠、あの、お肉屋さんやってませんでした」

「(談志の口調で) やってるとか、やってないとか、訊いてる訳じゃない、バカヤロウ！　揚げたてのコロッケを買ってこい！　この野郎ぅ！　買ってこねぇと、クビだ！　この野郎！」(笑)

て、言って。それで、もう、弟子はクビになるのが嫌だから、シャッター叩いて、肉屋の親父が起きてきて、

「な、なんですか？」

「あのう、コロッケ一つ、揚げてください」(笑)

「何時だと思っているんですか？　明日にしてください」

「いやぁ、あの、わたくし立川談志の弟子でございまして、今、コロッケを揚げてもらわないと、破門になっちゃうんですよ」

「……ああ、談志さんなら、言いかねないなぁ。ああ、分かった、分かった」

と、言って、肉屋の親父はコロッケを揚げてくれたんだそうです。それも、二つ。

「いやぁ、お金が無いんで、一つで……」

「いやいや、一つはねぇ、君にあげるから……」

「ああ、そうですか……、どうもありがとうございます。じゃぁ、お返しというか、……落語をちょっと聴いてください」

「ああ、そうか、じゃぁ、演ってごらん」

で、一所懸命、覚えたての落語を喋ったら、肉屋の親父が、

「はっはっは、破門になったほうが、良かったんじゃねぇか」（爆笑・拍手）

って、いうね、そんな話があるくらいです。

もう、ともかく、荷物をたくさん持たされましたね。地方に行くと、向こうの人がいろんなお土産をくださる訳ですよ。で、お土産だけじゃない。独演会となりゃぁ、談志の着物を三つ四つ持って行く。それから、自分も開口一番を演るか

ら、自分の着物を持って行く。更に談志は電車や飛行機の中でもって、いろんな本を読んだり、それから懐メロを聴いたりだとか、それから夏ミカンを三つ四つ入れて、で、自分でお弁当を拵えて、お弁当を入れて……、とにかくそれを片っ端から、紙袋に入れる。大きい鞄に入れるって発想はありませんから、紙袋に入れたら、紙袋を三つ四つ持って、それで、鞄を持って自分の鞄を持って、こんなになって電車移動ですよ。で、向こうへ着くと、お酒をくれたり、お米をくれたり、缶詰をくれたり、いろんなものをくれる訳で……。それで、あまり荷物がたくさんになっちゃうと、向こうの主催者の人が、

「じゃぁ、宅配便で送りましょうか?」

までは言ってくれるんだけど、

「(談志の口調で)いい! それは、金の無駄だぁ。労働力で連れてきたんだ、コイツらぁ。おめぇが持て、この野郎!」(爆笑)

って、言って、それで全部持つ訳ですよね。

もう、土地の名産が軽いものだと安心するんです。深谷に行って、泥ネギなんて、……ネギはそれほど重たいもんじゃない。死んだ文都《ぶんと》さんが、鬼石《おにし》[*1]に行ったときに、

「名物は何ですか」

[*1] 鬼石…群馬県にあった町。2006年藤岡市に編入。

って、訊いたら、

「石です」（笑）

って、言われたときは、もう死にそうになったって話がある。で、わたしは、下仁田［＊2］に行ったときに、向こうのお土産が蒟蒻《こんにゃく》だった。

「蒟蒻なんてものは、大して重たいもんじゃないから大丈夫だろう」

と、思ったら、もの凄くくれるんですよ、蒟蒻を。もう、段ボールに両手《こんな》にいっぱい。それを、

「担いで持って帰れ」

って、担いで持って帰れる訳がない。しょうがないから、鞄から着物を出して、で、わたしの鞄の中に、談志の着物を全部詰め込んで、その談志の着物の鞄の中へ、蒟蒻を全部バラして、こう、入れて、……もう、こんなに大きいボストンバッグが、蒟蒻でいっぱいですよ（笑）。それで、駅のベンチの前にこう置いておいて、談志がこう、座っていて、

「（談志の口調で）ちょっと、あの、便所に行ってくらぁ」

って、言ったら、その鞄に躓《つまず》いて、で、その鞄の上に尻餅ついたら、ボヨヨヨヨ～ンって跳ねてましたけどね（爆笑）。

もう一番酷かったのは、北海道に行ったときに、新巻鮭4本。これは驚いた。

［＊2］下仁田…群馬県の町。こんにゃくの産地として有名。

で、飛行機はいいんです。全部これを預けてしまえばいい訳ですから。だけども、羽田に着いてから、モノレールに乗って、山手線。……談志は絶対にタクシーは使わなかったですから、当時は、全部、電車移動。でもって、荷物をたくさん持って、新巻鮭を4本担いだまんま、それで、山手線のラッシュにぶつかったときは、こんなに苦しいことはない。ドンドン人が……、で、談志は空いてる席を見つけて、スッと座っちゃう。で、弟子は座る訳にはいかない。ずっと立ってないといけないですから、これを持ったまんま次から次へとサラリーマンが乗ってきて、もう、この鮭の顔が、サラリーマンの顔に刺さったりして（爆笑）。で、改札を出るときは談志は、ドンドンドンドン、スピードで歩いていっちゃう。もう、必死であとを追っかけて、途中で鮭を落っことして、鮭が4本、スト一ンッと下に落ちて、シャァーッと滑って（爆笑）、談志を通り過ぎて、改札に切符を出さずにサァーッて出て行ったときには、さすがに落語家を辞めようと思った瞬間ですけれども。

あと、新宿のホームでもって、アサリをブチ撒いた弟子もいましたね。アサリをたくさんお土産にもらって、ネットにこうやって持ってて、それを人に押されて下にドーンと落っことした。それで、アサリを落とすと……、こんなにいっぱい入っているアサリを下へドーンと落とす。プシャ、プシャ、プッシャァァァァァァ！　もう、一瞬で、そこにいた人たちは、テロだと思ったんじゃないですかねぇ（爆笑）。シャァァァァーッて、黒いモノが流れてくるから（笑）。もう、どうにもならないですよね。さすがに談志は、

「ヤバい！」

って、カァーッと逃げましたけれどもね（笑）。普通だったら、

「拾え！」

って、なるんだけども、どうにもならない。

わたしは、牡蠣を箱に入れて、それで中にたくさん氷を詰め込んで、それを担いで帰って来たことがある。で、談志が駅のトイレに入っているあいだに、持って待っていたんだけれども、なにかの拍子に落っことしちゃって。したら、蓋がパカーンと開いて、牡蠣がタタタァーンッて落ちて、それから氷がパシャァァァッて落ちた。

「うわぁぁぁぁ！」

って、師匠が戻ってくるあいだに、とにかく全部拾って、まず、牡蠣を拾わなきゃいけないと思って、とりあえず、牡蠣を拾った。そこで、談志が出てくる姿が見えたから、氷はいいやと思って、パッと蓋をした。で、もう、何食わぬ顔をしたら、談志が、氷にツルンと滑った（笑）。

「(談志の口調で)……な、なんだ、この氷は?」

って、言うから。もう、とっさに、

「い、今、氷屋さんが通りまして……」

って、訳が分かんないことを言った(笑)。

「(談志の口調で)氷屋が通って、氷をこぼしたのか?」

「ええ、そうなんですよ。そそっかしい氷屋があったもんで……」

「(談志の口調で)うぅん? 氷屋ってのは、牡蠣も落とすのか?」

って、1個だけ残っていたんですけどね(爆笑)。もの凄く怒られたことがあります。まぁ、そんな話をしに出て来た訳じゃないんです(笑)。

今日は、『色』、女がテーマです。三席ございますけれども。

やっぱり酔っぱらいっていうのは、面白いもので。ついついついつい、本音が出る。そのシステムになっていますから、お酒というものは世の中から無くしてはいけないですね。その人の本音を訊き出す。

そりゃぁね、酒飲んで、それから睡眠薬を飲むと、本当に人間っておかしくなりますよ。

で、談志の場合は、睡眠薬を、……寝るために、睡眠薬を、……それをかじりながら、それでお酒を飲む。すると、程よくラリるんですね。で、圓楽師匠、先代の圓楽師匠の場合は、睡眠薬を飲みすぎて、効かないから、睡眠薬、談志の場合は、半テレッツ[＊3]ですよね。1粒を半分に割ってかじって、酒飲んで、「ハァー」って良い心持ちになる。

先代の圓楽師匠は、睡眠薬を10錠くらい。それを、カァッと口に入れて、ユンケル黄帝液を、アワァァァァ、バリバリバリバリッて、それで、ズバァーッと笑って、クレージーですね、ハッキリ言って（爆笑）。

で、談志はすぐに、誰かが来ると、睡眠薬を口に放り込んで、

「酒飲め」

って、言って、遊ぶんですよ。で、談幸さん[＊4]っていう落語芸術協会に行ってしまったあの人なんか、もう、談志が面白がって、

「談幸、これ、かじれ！」

って、もうその日はフラフラになって、もう、なんだか訳が分からなくなって、それで、

「どうだ？　談幸、来たか？」

「……ハァハァハァ、ハァイ」

「いい気持ちだろ？」

「……ハ、ハ、ハ、ファイ」

[＊3] 半テレッツ…〝テレツ〟は落語家仲間だけで通用している数の数え方。1杯や1個を1テレッツ、2杯や2個を2テレッツなどと呼ぶ。

[＊4] 談幸さん…立川談幸。1978年立川談志に入門。1987年真打昇進。2014年立川流を脱退し落語芸術協会へ加入。

「なんか面白いことやれ」

「……ファファファ……」

「なんか、おまぇ、なんか、喋ってみろ？」

「……ハッ、ハッ、ハッ……、この野郎、この野郎」

って、談志のおでこを弾いたという（爆笑）、もう、訳が分からない。よっぽど普段から、こういうことをやってみたかったっていうのが出ちゃったんでしょうね。

え〜、酔っぱらいのお噺です。

『替り目』へ続く

『庖丁』の云われ

２０１８年10月10日 第16回立川志らく落語大全集 国立演芸場 『庖丁』のまくらより

この会は16年かけて二百三席の持ちネタを全部演《や》るという会なので、ときには難しい落語も、それから滅多に演らない噺も演らなくちゃいけない。その一席がこの『庖丁』[＊1]で、数多くある古典落語の中で、もっとも難しいとされている噺なんですね。

これを演じておりましたのが、昭和の名人・三遊亭圓生師匠。文楽[＊2]師匠も、志ん生師匠も、みんな、演らない。圓生師匠の十八番《おはこ》。

で、若き日の立川談志が自分の独演会『ひとり会』[＊3]で、「これを演ります」と発表したんですね。そうしたら、まぁ、落語ファンの間では評判になって、

「遂にあの立川談志が、『庖丁』を演る」

のだと……。それで、当日ですよ。談志が、こう、出てきて、

「(談志の口調で)ぅぁ～、『庖丁』演るって、そう言ってたけどねぇ。まぁ、難しくって出来ません(笑)。出来ない。ぇ～、ぁのぅ～、代演を頼んだから」

って、言って、引っ込んじゃった。客は、『ひとり会』で談志目当てに来たのに、……それで、『庖丁』を演らないというだけだってガックリなのに、代演を頼んだと。他の人が出てきちゃう。

「何だ!?」

って、みんながザワザワし始めたら、『正札附《しょうふだつき》』って出囃子が流れて、登場した

[＊1] 庖丁…色男の久次は寅に自分の女房を口説いてくれと頼む。頼まれた寅は気が進まぬが、清元の師匠をしているというその女房の家へ行く。決めた段取りで進めてみるが話は意外な方へ、という演目。三者の描き分けや、歌も入る噺ということもあり、難しいとされる。

[＊2] 文楽…八代目桂文楽。黒門町の文楽として親しまれた昭和の名人。１９０８年桂小南に入門。１９２０年八代目文楽を襲名。１９５５年から１９５７年まで落語協会会長をつとめた。１９６３年に２回目の会長職を１９６５年まで務める。ネタ数は少なめだがどの噺も磨き上げられたものだったという。１９７１年逝去。

のが圓生師匠なんですね。で、こうやって圓生師匠が、「(圓生の口調で) ふふっ、談志さんに頼まれまして……(爆笑・拍手)、『庖丁』を一席演ってくれと言うんで、これは、もう、音曲噺っていうんで……」って、見事な『庖丁』を演ったという、そういう逸話があるんですねぇ。

それから、談志はしばらく『庖丁』を演らなかったんですけれども、わたしが二つ目に昇進したとき、有楽町のマリオン、昭和63年ですね。その有楽町マリオンで、わたしと談春、それから亡くなった文都、当時は関西といいました、それから、亡くなった朝寝坊のらく、当時は談々、この4人が同時に昇進をすると……。それで一所懸命お客を呼んで、800人ですよ、満杯にして。あたしは、『短命』って落語を演って、……で、まぁ、一所懸命演ったんですよ。

それは二つ目になるお祝いの会だから、みんな、ワァーッて無理やり笑ってくれるんです。それで、最後に出てくるのが談志。それは真打(昇進披露)だったら、昇進した人が最後に出るのだけども、二つ目ですからトリをとる訳にいかないんで、師匠である談志が出てきて……。したら、弟子に花を持たせるような軽い落語を演ってくれればいいじゃないですか? 『山号寺号』だとか(笑)、なんかそういうような。そうしたら、『庖丁』を始めたんですよ(笑)。客席はざわつき始める。落語詳しくない人は、なんだか分からないんだけど、難しい噺だってこと

［＊3］ひとり会…立川談志の独演会の名称。1965年紀伊國屋ホールにて開始。その後イイノホール、国立演芸場と会場を移して2009年まで行われた。

は分かる。で、色っぽい噺ですから、終わったら、ウワァーッて拍手喝采。で、アンケートを見たらば、

「談志の『庖丁』は凄かった。談志の『庖丁』は凄かった」（笑）

我々のことは一言も書いてなかったっていうね（爆笑）。そんな思い出がある難しい落語で、ございます。

まぁ、だから、本当はわたしは、今日、ここに出てきて、

「いやぁ、あのう、『庖丁』を演ろうと思ったんですけれども、出来ません。代演です」

と、言って、『鞍馬』という出囃子がかかって、談春兄さんがねぇ（爆笑）、『下町ロケット』野郎がここへ出てきて（爆笑・拍手）、

「（談春の口調で）志らくのバカに、頼まれちゃいました。エヘヘー」

って、笑いながら『庖丁』を演ってくれりゃぁいいんですけれども、なかなかそういう訳にいかないんで……。まぁ、どうなるか、博打みたいな落語で。え～、わたしの十八番中の十八番を聴きたい方は、今月の18日、19日、最高傑作二席を演りますから……（笑）。最初から、保険を打って出るというあたりから（爆笑）、不安の表れでございますけれども（笑）。

『庖丁』へ続く

お客をマニアックに掘り下げていきたい

２０１９年10月16日　第20回立川志らく落語大全集　国立演芸場　『ぞろぞろ』のまくらより

ちょっと腰を痛めていて、ぎっくり腰って奴で……。まだまだ大丈夫なのですけれども、元から持病があって、グキッっていっちゃうと、もう本当に歩けなくなるような状態で、……最初にぎっくり腰になったのは前座の頃ですねぇ。談志の鞄持ちをしている最中に、グキッと来ちゃって、新幹線で荷物を、……談志の上の荷物をこう下ろそうとしたときに、グキッと来て、「うわぁ！」っと思って、パーン。荷物が談志の頭にドーンと当たって（笑）、談志が通路にバタァーンと倒れて、倒れた場所がちょうどドアの前で、ブーッとこれが自動的に開いて、中からカートが出てきて談志を轢きそうになった（笑）、これが最初で。

もう痛くて痛くて、開口一番で上がって演《や》った噺が『狸』なんですけれども、……（腰が）曲がらないんですよね、もう。出てって、前座なのに、お辞儀が出来ない。もう、出てきて、（うつむく所作）会釈ですから（爆笑）、こんな失礼な前座はいない。『狸』は普通は、

「（身体を丸めて）あのう、狸でございます」

「（上体を起こして）おう、なんだい？」

「（身体を丸めて）いやぁ、あのぉ……」

こう、小っちゃくなんないといけないのが、腰を曲げることが出来ないから、

「（背すじを伸ばして）え〜、狸です」（爆笑）

って、もう、なんとも不思議な落語になってしまった、そんな記憶がありますけれども。

この会は実にマニアックな会でございまして、……わたしはズウーッとポリシーで、お客を縦に深くしていくという、それをずっとやってきた。志の輔兄さんの場合は、客を横に広げていく。ですから、300人の客がやがて、500人、1000人に、2000人に、3000人にと、ドンドン広げていく。わたしは3000人の客が居たら、その3000人の数は増やさずに、ドンドンドンドン深く深く客をマニアックにしていくと（笑）、え〜、そういうやり方をズゥーッとしてきたんでございます。

だから、ずっと言っていましたね。そりゃぁ、志の輔さんの会には1000人居て、わたしの会には300人、数では負けているけれど、このお客を秤《はかり》に載っければ、わたしの会の客のほうが重たいという（笑）、こういう言い方をずっとしていたんでございますが……。

でも、近頃テレビの影響なんかでドンドンドンドン落語を知らないお客様が、こう、山のように……。今までは、地方なんか行っても、知る人ぞ知る立川志らくでございましたから、客層は大体男なんでございますね、8割から9割が男。

もう、同じような境遇の、世間から相手にされないような（爆笑）、だけど自分だけは頭が良いと思っている（爆笑・拍手）、そういうお客が地方でも集まっていたんですけれども。

近頃はそれが逆転して、生まれて初めて落語を聴くと、『ひるおび』やなんかでもってわたしを知ったオバサンたちが8割ぐらいですよ。ですから地方へ行くと、立川志らく独演会は、もう殆ど綾小路きみまろの会みたいな（爆笑）、そんな雰囲気になっちゃって……。

わたしは、上手くそれに対処していけばいいんだけど、一緒に二人会とかあったりすると、相手に被害が及ぶんですね。よく、弟弟子の談笑［＊1］と二人会を地方なんかでも演るんですよ。で、談笑の場合はわたしよりももっとマニアックな男ですから（爆笑）、だけどわたしと組んで演ると、そのマニアック度が増しますから（笑）、とにかく普段よりも強烈なことを言う訳です。それで、ドカンドカンとウケていたのが、近頃、このあいだ、名古屋ですよ……、二人会を演ったらば、もう、客層がそういう客層、でも当人は分かっていない。まくらを振って、

「なんかおかしいなぁ」

って、全然ウケない。調子が狂って、アイツ一席演ってウケないから、じゃ

［＊1］談笑…立川談笑。1993年立川談志に入門。前座名談生、2003年六代目談笑襲名。2005年真打昇進。主に古典落語を大幅に改作した演目を演じる。

あ、もう一席やります……、それで、あの、スペイン語の『蝦蟇の油』［＊2］ってのを演ってんですよ（爆笑）。もう、ドッカンドッカン、ウケる筈なんですよ。あの談志が舞台袖で聴いて、

「（談志の口調で）面白《おもしれ》えな、こりゃぁ！」

って、言って、全部、あのう、

「御用とお急ぎでない方は、ズゥーッと見ておいで……」

これを全編スペイン語で演るという、それをやったら、シーンと静まり返った（爆笑・拍手）。あまりにも反応がないから、アイツ途中で間違えちゃったりしてね（爆笑）。え〜、（噺が）止まってましたよ。で、

「談笑、ごめんなさい。最初に言っとけばよかった。今、客層は、綾小路きみまろみたいになっているから、そういうネタはダメだよ」

って、……当人はもう、わたしとの二人会は演りたくないと（笑）、このあいだ、言っておりましたけれども……。

まぁまぁまぁ、これからどうなっていくのか、……そりゃぁ、今、前座が上がったって、全然お客は笑わないじゃないですか？　ねぇ？　面白い噺をしているのに、客がシーンとしている、こういう空間なんですよ。そりゃぁ、志の輔兄さ

［＊2］蝦蟇の油…傷薬の〝蝦蟇の油〟商人がいた。流れるような口上で道を通る人をひきつけこの軟膏を売るというもの。売れた日はつい酒を飲み、回らぬ口で売ろうとする、という演目。

んの会なんか行きゃぁ、昨日今日入ったような前座が出て行って、大劇場の５０0人ぐらいのお客の前で、『子ほめ』演って、ドッカンドッカン、ウケる訳ですから、この違いなんですが。まぁ、わたしは、これからどこをターゲットに落語をやっていくのか、非常に迷っている、そんな段階ですけれども。

落語のほうは、今日はまずは神様の噺をこれから一席申し上げます。

わたしは無宗教ではあるけれども、神様はいると信じておりますね。何かあったときに、やはり、

「神様、助けてください」

と、思わず言いたくなる。それはどっかに神様というものがちゃんとあるからと、……で、あと、輪廻転生、生まれ変わりというものを、わたしは結構信用しているんですね。なんか、昔の記憶というのが、わたしの中にあるんですよ。日露戦争に行ったみたいのがどっかに、わたしはあるんですね（笑）。で、江戸時代はね、かわら版を売っていたような、そんな記憶もあって……、邪馬台国のときになんか、卑弥呼をね、一所懸命ヨイショしていたような（爆笑）、そんな記憶がどっかにあるんですね。必ずなんかの拍子に生まれ変わっているような、……それで、その生まれ変わりが重なってしまうって、そういう出来事も稀にある。実は、わたしは自分でチャップリンの生まれ変わりだと思っているんです

よ。

　それがチャップリンが死んじゃう前に、わたしがひょいと出ちゃったから、チャップリンが、

「おや？　困ったな」

　という風な状況に……。というのが、随分前に、わたしが寝ていたら、チャップリンが夢枕に立って、

「おい、志らく。これからお前の身体の中に入る。本来、俺はお前に生まれ変わる筈だったんだ。だから、ちょいと身体に入るよ」

　って、言って、スッと入ってくる夢を見た。そうしたならば、わたしの敬愛する歌手の二葉あき子先生が、わたしがチャップリンが好きだってことを全く知らないのに、

「志らくさんは、日本のチャップリンになる子よ」

　こういう風に言ってくれた。それから、森口博子さんが、

「チャップリンの映画を1本も観たことがない」

　と言うので、『街の灯』［＊3］のビデオを貸してあげて、それを観たらば、わたしに会ったときに、

「えっ！　ビックリした。チャップリンって、志らくさんじゃない。表情が全部

［＊3］街の灯…1931年のアメリカ映画。チャールズ・チャップリン監督、主演。ペーソスあふれるコメディ映画として大ヒットした。

志らくさんだもん。志らくさんって、チャップリンでしょう?」

だから、わたしは自分で、チャップリンの生まれ変わりだと思い込んでいるんですね。

旧暦の十月を神無月と申します。これはなんで神無月というのかというと、出雲の国に日本中の神様が、こう、集まって縁結びをやる。ですから、日本の各地に神様がいなくなってしまうから、十月のことを神の無い月で、神無月と、こういう風に言ったんだそうで……。その逆で、出雲は神様が集まってくるから、出雲だけは十月のことを神有月と言ったんだそうでございます。

『ぞろぞろ』[*4] へ続く

[＊4] ぞろぞろ…太郎稲荷門前にある茶店の老夫婦は日頃から信心をしていた。するとある日そのご利益と思われる出来事が起こる、という演目。

10年経つと、こんなに変わる

2020年10月14日 第22回立川志らく落語大全集 国立演芸場『時そば』のまくらより

【まくらの前説】

『オールスター感謝祭』……TBS系列で1991年10月5日より毎年、番組改編期である春と秋の土曜日に年2回生放送されている大型クイズ・バラエティー番組。番組内でミニマラソンが行われていて、主に解答者から十数名が参加し、誰が優勝するかを予想する。

今年最後の『大全集』でして、今年最後と言ったたって、2回目なんですけれども……、コロナのせいでまるまる二つ中止《とん》でしまいました。

本当は今日も、まぁ、エンターテインメントは解禁にはなったんだけども、やっていいのかどうか？　やるべきではないのではないか？　というのが、まだまだ、これは国がやっている会場ですから、満杯にすることは出来ないのですね、半分なんです［＊1］。

この会は、わたしの持ちネタ二百三席を残らず全部吐き出そうと、それも、16年かけてネタ出しをして演《や》ろうと、わたしのライフワークみたいなもので、67歳ぐらいまで演るんですね。そこまで生きているかどうかは分かりませんけれども（笑）。でも、この会を始めるにあたって、ファンのオジサンが、70歳のオジサンが、

「はぁ～、これで86歳まで死ぬことが出来なくなった」

と、凄く嬉しい言葉を言ってくれたので……、ということは（客席を）半分にしてしまうと、本来いらっしゃる筈の半分の方が来ることが出来なくなってしまう。それを強行突破して良いのかしら？　っていう、そういう気持ちがあったんですけれども、まぁ、でも、いつまでもズゥーッと演らずにおく訳にいかないので、

［＊1］半分なんです…政府のコロナ感染防止策の一環で、この頃はイベント入場者を客席数の半分に制限していた。

「じゃぁ、まるまる2年間休みましょう」

って、言うと、この会が終わるときにわたしは69歳になってしまいますので、最後まで出来るかどうか分からなくなっちゃうんで、

「とりあえず演ろう」

と。で、飛ばした2回は、一番お終いの最終回の二つ前にくっつけます。……今、言ったって、10年ぐらい先の話ですから（爆笑）、覚えている訳がないんですけれども。

やっぱり、10年経つと、世の中は本当に変わりますね。あれだけテレビに出るのが嫌だと、テレビ嫌いだと、テレビにやたら出ている志の輔兄《あに》さんのことをバカにしていたわたしが（笑）、志の輔さんよりたくさん出るようになっちゃってね。落語界の七不思議の一つですよ。わたしと三遊亭白鳥、この2人だけは、落語界ではもの凄い面白いけれども、一番テレビに合っていないと言われていた（爆笑）。その一人が今やＴＢＳの朝の顔ですからね（笑）。今後いったいどうなるか？

これは方々で喋っているんですけれども、

「10年経つと、こんなになっちゃうんだなぁ」

と、わたしがショックを受けたのが、先日、TBSの『オールスター感謝祭』という5時間ぐらいやる番組……、え〜、昔、紳助さん[*2]が演って、今、今田さん[*3]が演って、クイズをやる訳ですよね。で、途中、名物のマラソンがあって、赤坂マラソン、……今年は赤坂じゃぁ人が集まっちゃうから、他の場所でマラソンをやりました。その他いろんなタレントが出てきて、マラソンをやる。すると、島崎和歌子さん[*4]と二人で司会で、で、芸能人がたくさん出て、スタッフの人が、

「志らく師匠、マラソンの前口上を演ってください」

と、

「イメージはどういうのですか?」

って、訊いたらば、

「『いだてん』[*5]のたけしさんが演じた志ん生師匠みたいな感じで演っていただけると面白い」

と、それから、

「志らく師匠はいつも『グッとラック!』の中でもって、最後に『志らく一段らく』[*6]というコーナーを演っていますから、あんな感じで2、3分で演ってください」

[*2] 紳助さん…島田紳助。1977年時の漫才ブームの中〝紳助・竜介〟で人気を得た。1985年からバラエティー番組のプロデュース、司会などで大活躍をしたが、2011年芸能界を引退した。

[*3] 今田さん…今田耕司。お笑いタレント、司会者。吉本興業所属。紳助の引退に伴い、紳助が司会をしていた番組のいくつかを受け継いだ形になった。

[*4] 島崎和歌子…歌手、タレント。1989年アイドル歌手としてデビュー。1991年に『オールスター感謝祭』の司会に抜擢され、以来長くつとめている。

と、……ただ、そこへ出ていって落語家ですから、いつも着物姿なんですけれど、そこへ座布団に座ってマラソンの前口上を普通に演っても面白くないんで、

「じゃぁ、談志のモノマネで演りましょうか?」

って、言ったら、

「あっ! それ面白いですね。イイです」

「おお、じゃぁ、演りますか?」

って、で、当日、バンダナを……(笑)、実際に談志がしていたバンダナ、赤いのを着けて、それで『木賊刈』[*7]という出囃子が鳴って、で、わたしが、

「(談志の口調で) ぅわぁ~、くぁ~」

って、談志の《こうぃぅ》カタチで出ていって (笑)、

「(談志の口調で) ぅ~ぁ~、志らくのバカがねぇ、うん、朝の情報番組やってんだけどね (笑)。アイツは俺の悪いところばっかり真似しやがってね。ぅ~ん、まぁまぁ、でもねぇ、え~、落語の腕はねぇ、『笑点』なんか演っている連中とは格が違うからねぇ (爆笑・拍手)。マラソンで……、ズバッと言うとな、マラソンなんて身体に良くないですからね、こんなものは (爆笑)。

『マラソン健康法』って、本を書いた奴がねぇ、早死にしたって話があるしね (笑)、うん。

[*5] いだてん…『いだてん~東京オリムピック噺~』NHK2019年の大河ドラマ。物語に登場する古今亭志ん生役をビートたけしが演じた。脚本・宮藤官九郎。主演・中村勘九郎、阿部サダヲ。

[*6] 志らく一段らく…TBS朝のワイド番組『グッとラック!』の中、志らくが日ごろ考え、感じていることについて数分でお喋りをするというコーナー。番組開始は2019年9月、2021年3月終了。

[*7] 木賊刈(とくさがり)…立川談志の出囃子。長唄のタイトル。歌舞伎の所作。木賊は木工の磨きに使用された。

今田のあの司会はイイな……、紳助の司会よか、イイよ」(笑)

なんて、……そうしたらねぇ、会場にいろんなタレントがいっぱい居るんだけど、もの凄い不思議な空気になったんです(笑)。談志を知っている人は、

「うわぁー！　これはモノマネじゃない、憑依芸だ。うわぁー」

って、ざわついたんですね。途中で、なんか悲鳴が上がったくらいなんです。

それで、終わってコマーシャルになっているあいだ、いろんなタレントさんが、

「志らくさん、凄かった。久々に家元に会えた」

「私も嬉しくて、涙を流しちゃった」

「うわぁー、ビックリしました」

って、いろんな声があって、

「ああ、ああ、良かったなぁ」

と、思って、で、ネット上を見たんですよ。そうしたならば、談志を知らない人だらけ(笑)、ええ、

「志らくの奴、ダダ滑り」

って書いてある(爆笑・拍手)。

「放送事故級！」(笑)

「何一つウケない」(爆笑)

「志らくが、知らないオジサンの真似をしている」（爆笑・拍手）

知らない……、はぁー、そうなんだ。もう10年も経つと、立川談志を知らない人だらけなんだ。あとで、スタッフの方に聞いたらば、若いスタッフの人は、

「志らく師匠はいったい何を演っていたんですか（爆笑）？　勝新太郎のマネですか？」

って、いろんなことを言われちゃって（爆笑）。だから、立川談志も勝新太郎も、なんにも、もう分からない。

「そういう時代なんだな」

と、談志が死んでもう10年でございますけれども、

「談志は遠くになりにけり……」

そんな感じがいたしました。

今日は、わたしの師匠、立川談志がこよなく愛した落語『居残り佐平次』、そして『よかちょろ』、これの、まぁ、佐平次の大河ドラマと題して、……普通は落語会ってのは、似たようなネタは演らないと、

「独演会でも違う種類の落語を演りましょう」

というのが普通なんですが、この『居残り佐平次』、談志が愛した落語国のス

ーパースター、佐平次というのはどういう男なのかを落語の中で探ろうという、そういう会で……。

まぁ、一席目は、前座は、『時そば』［＊8］。これは別に談志の十八番ではなく、談志の師匠である人間国宝の柳家小さん師匠が十八番にしていた噺でございますが……。

『時そば』へ続く

［＊8］時そば…江戸時代の時の数え方を利用して、そばの代金をかすめ取ろうという客と蕎麦屋のやりとりが楽しい演目。

わたしと談志とは、全然違う

2021年10月14日 第26回立川志らく落語大全集 国立演芸場『二階ぞめき』のまくらより

いつまで、この半分というシステムが続くのか？　ソーシャルディスタンスをとるために、半分しか入れない。別に、これしかお客さんが来なかったって訳ではないですよ（笑）。コロナ禍においては、半分しか入れない。通常通りだと、いっぱいになる。まぁ、通常時でも『笑点』の林×三×の独演会は、こんなものでございます（爆笑）。

まぁ、慣れというものは恐ろしいもので、これが当たり前になってきちゃうんですよね。ですから、これはもう、コロナも収まってきたから、じゃぁ、平常時に戻そうって言って、果たしてお客が戻ってくるかって、一方に不安はあるけれども、戻ってきたときに演《や》る側のこっちも、妙に、多分、緊張すると思うんですよ。

「いっぱいだ！」

って、こう思って……。で、聴く側もお客がぎっしり横にいると、果たして、

「いいのかしら？」

っていう、そういう不安もおそらく……、だから、まだまだ数年、元には戻らないような気がしますね。電車なんか乗っても、新幹線だとか、飛行機に乗っても、このコロナ禍においては、横に人がいないのが当たり前だったんですから……。最近になると、このあいだもちょっと松本のほうに落語会に行って、（電車に）乗って、横にポンと人が居ると、もう、それだけで、不安ですよね。横に

人が居るなんて……、昔はどうってことはなかった。今はもう、それが恐怖のような感じになってきちゃった。

だけども、専門家も誰も分からないという、この感染者の減り方……、この感染者数を発表するっていうのも、あんまり良いことじゃない。え〜、わたしがちょっとだけやっていた『グッとラック！』っていう、ほぼ忘れられたあの番組(笑)、あれなんかでも、

「感染者数を発表するのはおかしいだろ」

って、ずっと、わたしは言ってましたね。分母が違うのになんで、それは1万人の検査をして、そこで３０００人の感染者が出た。

「うわぁー、３０００人だ」

と。だけども、５０００人の検査でもって、２０００人出たら、５０００人で２０００人のほうが本来割合的に多い筈なのに、分母を整えずに発表していることは、おかしい……と。今なんかは、60人です。70人です。なんてやっているけれども、もう、他の病気ではやらないですもんね。え〜、

「インフルエンザで、今日、何人出ました。何人亡くなりました」

とか、

「重症になりました」

って、

「本日、自殺者が何名出ました」

こんなのは、テレビでやらないでしょう?

「交通事故で、本日は306件あって、その内、35人が亡くなりました」

「本日癌になった人間は、東京において48人です。その内、亡くなったのが10人です」

って、毎日こんなことをやっていたら、怖くて、人間なんか、生きていけなくなっちゃいますよね。それと同じようなことを、ズゥーッとコロナはやってるような気がして。……だけども、ドンドンドンドン、ありがたいことに数が減っていって、不思議なもので、増えたときは増えたときで、勿論恐怖ですよ。4000人だ、5000人だ。それがちょっと、2500人になると、「チクショー」なんて思ったりするような（笑）、不思議な感情になってきて、段々訳が分からなくなる。麻痺してくるんですね。

でも、オリンピックなんかやったらば、おそらく酷い目に遭うんじゃないか、エライことになるんじゃないか、という、そういう恐怖から、わたしは散々っぱら、

「オリンピックは、反対だ」

なんて、あのう、口を尖《とん》がらかせて、もう、唾をパァパァッて、飛沫をパァーッと出しながら（笑）、

「オリンピック反対だ、反対だ」

って、言ってましたけど、オリンピックやったってなんにも変わらなかったっていうか、これだけ減ったんだから、あれはいったいなんだったんだろうっていう……。

まぁ、選手は一所懸命やってましたよね。スポーツというものは、そこに不純なものがないから感動できる。そりゃぁ、わたしはあんまり観てはいなかったですけれども、ニュースなんかで観ると、

「ああ、この人が金メダル獲ったんだ。この人がメダルを獲れなかったんだ。いろんな物語があったんだ」

って、いろんなのをテレビが教えてくれるから、そこで感動したり、……だけども、今、思い返してみると、一番印象に残っているのは、名古屋の市長［＊1］が金メダルを噛んじゃって、それしか残ってないの（笑）。どうして、ああいうことをするんですかね？　もう、金メダルを見ると、それしか思い浮かばない。河村たかし……、平仮名でかわむらたかし、順番変えると、「噛むから　わたし」（爆笑）

［＊1］名古屋の市長…河村たかし。2021年8月4日、東京オリンピック・日本ソフトボール・チームの後藤選手が金メダル獲得の報告で訪問した際、河村市長はそのメダルを噛み、問題になった。

って、くだらねぇなって、……最初から予告してたんだから、渡しちゃいけないあの人に……（笑）。金ぴかの物を見ると噛みつきたがるという、そういう癖があるらしくて、金の鯱《しゃちほこ》にも、食いつきそうになったという、……新手の獅子舞みたいなもので、あの人に頭を噛んでもらうと、イイことがあるんじゃねぇかというぐらいのもので……。

まぁ、このあいだ、声の調子があんまり良くなくて、先週2度ほど『ひるおび』を休んじゃったりして……。PCR検査、2回受けちゃったりして、今ちょっと風邪をひいただけでも、もう、どこにも行けなくなっちゃうんですね。で、PCRで陰性が出ても、

「偽陰性かも知れないから、立場上……」

何が立場だか、分からない（笑）。

「志らく師匠、もう1回」

2回も鼻に突っ込まれちゃったりしてね（笑）。え～、で、別にただの風邪なんですけれども。鼻に突っ込まれるのが非常に嫌で、……というのが、今年の夏に鼻の手術をしているんですよ。というのは、無呼吸というのが、……止まってしまう。で、シーパップ［*2］っていう、こういうのを鼻に着けてね、ハンニバル博士［*3］みたいな感じになって、寝てたんだけど、どうしても外しちゃう。あ

［＊2］シーパップ…CPAP。睡眠時無呼吸症候群の治療法。シリコン製の器具を装着し行う。

［＊3］ハンニバル博士…トマス・ハリスの小説『羊たちの沈黙』等に登場する医師であり猟奇的殺人者のこと。映画化され主演にジョディ・フォスター、ハンニバルはアンソニー・ホプキンスが演じた。

れを着けていると、無呼吸の人は非常に睡眠が深くなると、サァーッと鼻に酸素を送りますから、……わたしの場合、苦しくて、苦しくて、外しちゃう。なんにも意味がないんです。その割には、毎月病院に行かなくちゃいけない。そこで、借りている機械のお金も、レンタル料を1万円近く払わなくちゃいけない。で、

「何で外しちゃうんだろう?」

って、耳鼻科に行ったんです。そうしたら、

「鼻が詰まっているから、検査しましょう」

で検査した結果、ありとあらゆる花粉に反応する重度の花粉症、……自分では花粉症だとは思ってなかったのに、全部の花に対して、わたしは、もう、クシャンクシャンやるような、……どうもくしゃみが多いなぁっていうのは、そこなんですけれども。更に猫アレルギー、……わたし猫2匹飼っているんですから(笑)。もう、それ以来、猫の側に寄れなくなっちゃったりしてね。

それから、あと、鼻を骨折した痕がある、子供のときに。

「記憶はありませんか?」

「いや、記憶はないんですけれども……」

「間違いなく折れています」

と、ですから鼻呼吸が出来ていない。特に左のほうは、ほぼ出来ていない。そ

んなこと言われたって、58年生きてきて（笑）、今更、

「出来てない」

って、言われて、それが当たり前になっちゃってますから。……でも、健康寿命を考えたならば、今のうちに、全部鼻が通るように手術をしたほうが良いだろうと……。

「まぁ、鼻の手術なんか、たかが知れてるだろう」

と、思ったならば、一応、あの、全身麻酔だと……。別に鼻《ここ》だけ眠らせてくればいいのに、全部寝ることはないのにね（笑）。だけど、一応全身麻酔で、慈恵医大ってところでもって、2泊3日、入院してくださいと。それでもって鼻にいろんなものを、……1時間ぐらい手術していましたかね。わたしは全身麻酔で寝ちゃっているから、なんにも気がつかなかったんだけど……。それは勿論全身麻酔だから、痛くもなんともない訳ですよ。それで、パッと目が覚めたら、自分のベッド、……病院のベッド。

それからが大変です。鼻にいろんなものを詰めちゃったから、鼻呼吸が両方100パー、なんにも出来ない。鼻で吸うことは絶対出来ない。で、気持ち悪いから、フンッてことも出来ない。フンッてやったら、なんか出ちゃうといけないから（笑）。そうすると、どういう状態かっていうと、それがねぇ、3日か4日ぐ

らい、一切（鼻で）吸えずに、口だけで、……要は泳いでいるようなもんで、パッ、パクパクパク（笑）、これで生きてなくちゃいけない。やることがなんにもない訳ですから、ズゥーッとベッドに座ってテレビを見ているだけで、ズゥーッと鼻のことばっか考えていますから、

「なんで、（鼻で）吸えないんだろう？　いつになったら、これが終わるんだろう」

で、モノを食べても美味しくもなんともない。匂いがしないから、味がしないんですねぇ。コロナにかからなくても、味覚が無くなるというのを経験させてもらいましたよ。

でも痛くなくて、それは鼻から全部シリコンを出せば大丈夫だと。で、3日、4日経ってから病院に行って、これを抜く。これが痛いのなんの。もう、ゲシュタポかと思いましたね（爆笑）。歯の痛みは皆さん、歯医者に行ったことがないって人はいないでしょうから、……歯の痛みってのは、そりゃぁ痛いですよ。でも、身体が分かっているんですよ。どこをツンとやったら、「どうぇ！」って、カッと、カッと（笑）、耐えられるかってのは、もう、身体が覚えている訳ですよ。……鼻は盲点でした（爆笑）。

鼻をカァーッとやられたら、何をどうしていいか分からない（爆笑）。

「力を入れないで」

ってったって、カァック、ク、

「もっと力を脱いて」

ってたら、鼻の中に何かを突っ込まれて、それでもって、

「洗浄します」

って、ボバァーッと、口の中にダァーッ、鼻にシャー、口からダァー（爆笑）、

「（白目をむいて）ハグゥ、ハグゥ、ハグゥ」（爆笑）

今、麻酔をしろというぐらいのもので（爆笑・拍手）。なんでこのときに麻酔をしてくれないんだという、非常に不条理を感じましてね。え〜、ですから喋っていても、半年ぐらいは、まだ違和感がある。こうやって喋っていても、なんか自分の、……皆さんには分からないでしょうけれど、出す声と聞こえている声が、質が違っているように聞こえちゃう。その違和感ってのは、非常に、自分が落語を演っていても、イライラする部分があるんですけれども……。

今日は、『談志十八番《おはこ》三席』。自分の持ちネタプラス何席か、ネタ下ろしを含めた二百三席を17年間かけて演《や》っちゃおうって中の企画、……プログラムに書きましたけれども、まぁ、ちょっと余った奴を寄せ集めて談志の十八番にしただけであって、……まぁ、でも、ウチの師匠ってのは本当に乱暴で、……やたら言われ

るのが、……テレビのコメンテーターでなんか言うと、「甘い」と、

「談志さんだったら、そんなことは絶対に言わない」

　って、こういうことを言われるんです。

「談志さんみたいに、家元みたいにもっと言ってください」

　って、言ったら、もう『ひるおび』降ろされちゃいますからねぇ（笑）。談志とわたしとは全然違う。そりゃぁ、人間も違う。芸はいろいろ影響を受けていますけれども、人間の乱暴なところは、わたしは大嫌いですから、……（わたしは）もの凄くおとなしい小動物のような（爆笑）、喧嘩なんか一切しないオドオドした人間なんですよ、本当は。周りが勝手に、「師匠、師匠」と崇め奉って、テレビに出ているから、なんか、

「偉そうだなアイツは、上から目線だなぁ」

　って、上から目線なんて当たり前ですよ。60近くになってりゃぁ、そりゃぁ、上から目線に見えるでしょう。え〜、ただそれだけのことなんだけど。

　談志は若い頃からズゥーッと売れてきて、

「もうテレビも何も要らねぇんだ。俺は好きなことを演るんだ」

　って、言ったときに、

「ええ、それでも（テレビに）出てください」

って、……それは何を言ったってイインですよ、別に。テレビを切られちゃっても。わたしは、ズゥーッと落語だけ演って、

「よし、もうちょっと、全国区になろう」

と、グッとテレビに出たところで、談志と同じことをやったら、もうそれは『グッとラック！』は1年半どころじゃない、1週間で終わっちゃうぐらいのことですよ。それに談志は、言うことが滅茶苦茶ですからねぇ。

「(談志の口調で)北方領土なんか、要らねぇ、あんなものは」

テレビで言うんですよ(笑)。

「(談志の口調で)要らねぇ、あんなものは。ううぅん、尖閣諸島も要らねぇなぁ。竹島も要らないなぁ。……一言、満州を返せ！」(爆笑)

これですからね。カメラ目線で、……カメラ探して、赤く点いたところでこれを言うんだから(爆笑)、……そりゃぁ、生放送でそんなことを言う人ですからね。そりゃぁ、コロナなんかやってりゃぁ、わたしは、

「お年寄りに、うつしちゃいけない」

って、極々当たり前のことを言いますよ。

「お年寄りの命を……」

とかね。談志だったら、おそらくねぇ、

「（談志の口調で）年寄りなんかねぇ、死にゃぁいい（爆笑）、そんなものは。数が多いんだ。ドンドン」

なんて、平気で言いますからね。それでもう、

「談志さんを決して呼びません」

って、プロデューサーがどっかに左遷されちゃうんで、……それだけのことなんですけども。だから、わたしと談志とは、全然違うということなんで、ございますねぇ。

『二階ぞめき』へ続く

江戸っ子の生まれ損ない金を貯め

2021年10月14日 第26回立川志らく落語大全集 国立演芸場『三方一両損』のまくらより

【まくらの前説】

小室圭……2017年5月16日、秋篠宮文仁親王第1女子眞子内親王が国際基督教大学の同級生の小室圭と婚約することが宮内庁から正式に発表された。その後、本人の私生活など報道が過熱する中、同年12月、母親とその元婚約者との間に金銭トラブルがあることが週刊誌で報じられ、婚約が延期される。週刊誌報道が相次ぐ中、2018年6月、アメリカでの弁護士資格を取得するために、当時勤務していた都内の法律事務所に籍を残したまま留学することが報じられた。

「江戸っ子の生まれ損《ぞこ》ない金を貯め」

って、……この江戸っ子の了見というか感覚っていうのは、今の時代は殆ど通用しないでしょうね。

「志らくさん、アナタ、分かるんですか？」

って、言われると、まぁ、子供の頃からズゥーッと江戸落語を聴いてきたから。落語でそういったことを学んだっていうのが一つ、……あと、父と祖父がちゃきちゃきの江戸っ子だったんで、お祖父《じい》ちゃんなんかは、お灸の先生だったんで、

「てやぁんでぇ、この野郎ぉ」

みたいなね、そんな喋り方をしていたんで、なんとなく江戸っ子の了見ってのは分かるんですけれども、……その、

「江戸っ子の生まれ損ない金を貯め」

っていう、……これは、なかなか分からない人には分からない。

あのぅ、小室圭さんですか？　あの人のことを何か触れるとね、やったらエライことになるんで、あんまりテレビやなんかで言いたくはないんですけれども。

要は、お金のことでもめている訳ですよ。で、このあいだ思わず、『ひるおび』

でもって、わたしが言ったのは、

「銭が無《ね》ぇ訳じゃねぇんだろう」

と、

「アメリカに勉強に行くだけの金があるんだから、借りた400万くらい、叩き返してやりゃイイやぁ」

って、こういう風に言ったんですね。そうすると、

「人様にお世話になったお金を叩き返すっていうのは、その表現はなんなんだ？志らくさん、アナタは人間の屑ですね」（笑）

って、こうやって、また、クレームが来るんだよ。いや、わたしがそう言っているんじゃなくて、小室さんの立場になって、……そりゃぁ、それまでいろいろ支援をしてくれたと、……だけど、別れた途端に週刊誌に全部売って、それでもってグズグズ言ってんだから、

「そんな400万なんか、叩き返してやれぇ！」

って、向こうの了見で、こう、言っただけなんですね。じゃぁ、こっちの元婚約者のほうが、イイのかっていうと、この人も、わたしからすると、……そりゃぁ、非常に困っているときに、お金を援助した。ね？それが結婚の目の前まで行って、いろいろ、何があったかは知らないけれども、破談になったと……。う

〜、これだけお世話したんだから、そのお金を返してくれっていう、その気持ちは分かるんだけども、江戸っ子の了見からしたら、一度でも惚れた女にくれてやった銭なんだから、それを「返《けえ》してくれ」なんて、みみっちいこと言うなって、いうことなんです。それを、ポンポンポーンってテレビで言ったら、もう、大炎上ですよね（笑）。両方から責められちゃったりして……。まぁ、だから、どっちもどっちだっていう、そのお金ですよ、要は。

「江戸っ子の生まれ損ない金を貯め」

とかね、

「江戸っ子は宵越しの銭を持たねぇ」

これも感覚的には分かるけれども、実際は、そんなことは絶対にないですから、……お金を懐に入れて、吉原に遊びに行って、日を跨いで、次の日になって、そのお金が残っていると、こりゃぁ、みっともない。だから、捨てて歩くんだっていうね……。本当に捨てた奴がどれだけいるんだって話になるんだけれども、それを江戸っ子は美学として、良しとしたという、……この感覚、これが落語の全てと言っちゃぁ、あれだけども、……落語ってのはそういうものなんですね。

それが江戸時代に、皆、客は江戸っ子ですから、

「てぁっ、あぅっ！」

てのが、居る訳だから、そんな噺をすると、ワァーッと盛り上がる。でも、明治の時代になって、地方からたくさんお客さん……、お客さんというか、人が集まってくる。そうすると、そういう田舎の人たちにも、聴かせる。

そのときに、

「江戸っ子は宵越しの銭を持たねぇ」

なんて言っても、

「……なんでですかぁ？　ありゃぁ（笑）。何で、宵越しの銭を持たねぇんですか？」

って、こう言われちゃうから、『芝浜』［＊1］だとか、ああいう野暮な噺をたくさん作って、落語っていうものを大衆芸能にしていったという歴史はあるんですけれども、……『三方一両損』［＊2］という……、

「江戸っ子の生まれ損ない金を貯め」

「おい、冗談じゃねぇなぁー。（舌打ち）財布《せえふ》を拾っちゃったよ、はぁ〜」

『三方一両損』へ続く

［＊1］芝浜…主人公の魚屋は酒に溺れ女房と喧嘩ばかりだ。ある日浜で大金入りの財布を拾い、遊び暮らせると思ったところ、女房にそれは夢だと諭される。夫婦の情愛、仕事への情熱などそれまでの落語的ではないと思われる部分を描いている人情噺。

［＊2］三方一両損…道で拾った三両入りの財布、これを届けに行った江戸っ子とその金を受け取らない江戸っ子の意地を描いた演目。大岡越前の裁き方が噺のタイトルになっている。

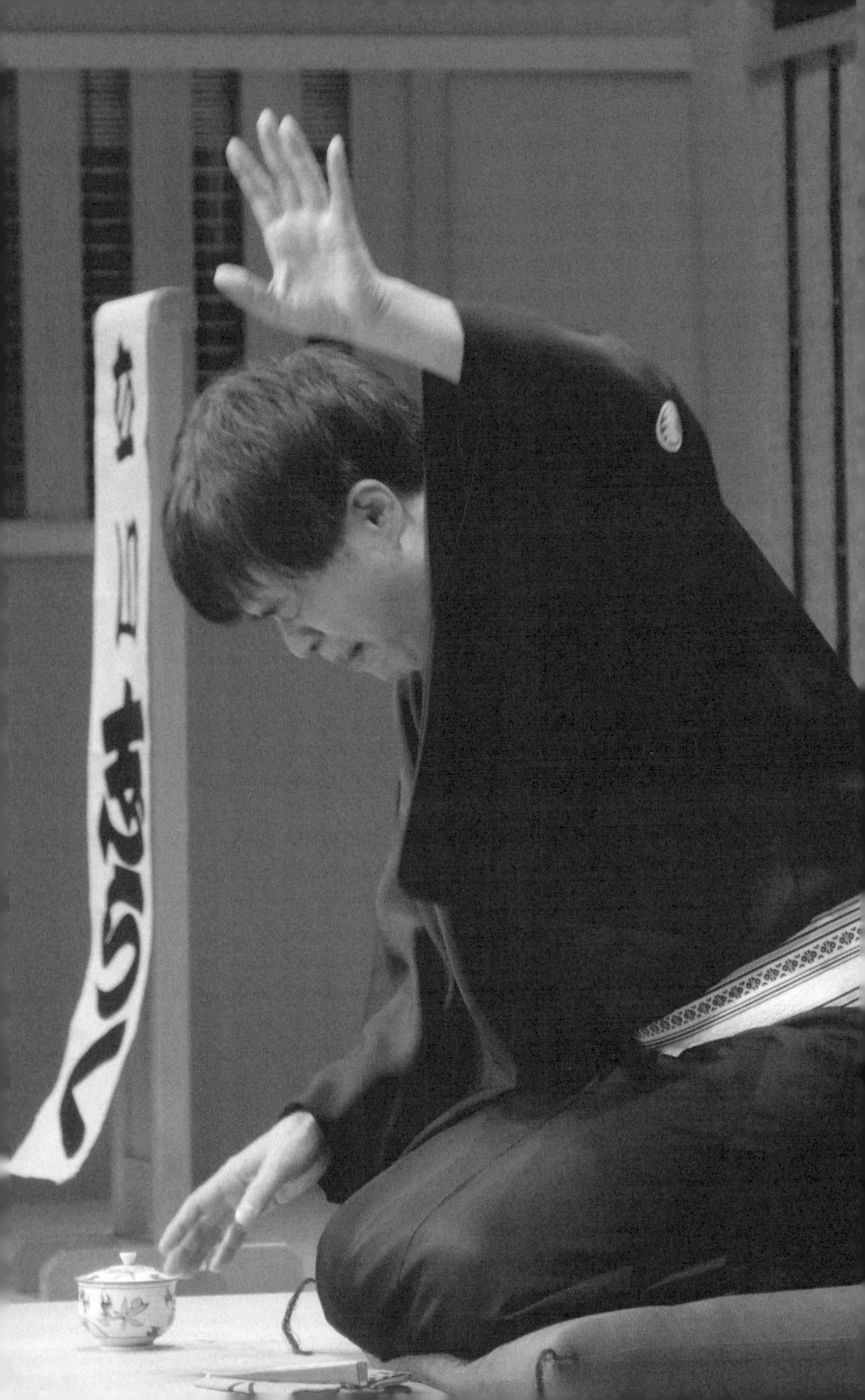

異論と反論の日々

2022年1月13日　第27回立川志らく落語大全集　国立演芸場『初天神』のまくらより

今日、『ひるおび』で不思議なニュースを扱っていましたねぇ……。え〜、「精子提供詐欺」っていうのがあって、……被害者の女性は御亭主がいるんだけれども、これが難病で……。第一子は既にいるんだけれども、第二子を授かることが出来ないと……。それで、

「精子を提供してください」

ということをツイッターで募集した。

で、条件があって、東大卒じゃないとダメ……、っていうのが、亭主が東大卒なんで、（先に生まれた）子供が居るから、兄弟で差が出来ちゃうといけないから、必ず、東大卒。それから、独身。更には、日本人でなくちゃぁダメだと。するると、応募があって、応募の中からピッタリ当てはまる人がいて、それで、

「会いましょう」

と……。で、普通、会って、精子を提供ならば、それなりの病院に行って、で、こう、いろいろやる訳でしょう？　したら、会ってホテルに行って、月に10回ほど、性交渉をして（笑）、ええ、で、月満ちて、こう、子供がね……。で、子供が生まれる寸前に、東大卒じゃないってことが分かったと、……う〜ん、日大なのかねぇ（爆笑・拍手）。日大かどうか分からない。それで、更に既婚者で、中国人だったと（笑）。もうそれで、子供は生まれちゃった。

「ふざけんなぁ、これは詐欺だ」

で、訴えて、なにか、

「何億円かの賠償金を払え」

確かに騙されたには違いないんだけれども、まず、精子を提供してくれってのを、ツイッターで言いますか？　普通（爆笑）。この人も子供が居るならば、

「ツイッターで知らない人と、コンタクトをとってはいけませんよ」

と、そう教えなくちゃいけない立場の人が、そんな大事なモノを提供してもらうのに、ツイッターで募集をすると、……まぁ、法に触れている訳じゃないからイイけど、……わたしだっていろんなものをツイッターで発信しますからね。

それを譲ったとしても、普通は会って性交渉はしないだろうと。……だから、これが被害者として世に出て、で、当然、

「こんなんじゃおかしいだろ、これ」

って、わたしは言いたい訳ですよ、ね？　もう、叩き斬りたい訳です。そりゃあ、騙されたのは気の毒だけども、

「これは女がよくないよ、そもそも」

って、言いたいんだけれども……。

それから、これはどうでもいい事件なんですが、もう中学生ってお笑い芸人が

いるじゃないですか？　これが今や、

「第二の佐村河内事件［*1］だ」

って（笑）、……えっ？　佐村河内ってあの、耳の聞こえないふりをしていた、……それらしい音楽家が、記者会見でもって、

「ちょいと」

って、言われたら、

「何だぁ？」

って、普通に返事しちゃったっていう（爆笑・拍手）。で、新垣さん［*2］が出てきたって、アレでしょう？

「もう中学生が、そんなに何かをやったのか？」

と思って、いろいろニュースを見てみたら、……あの人は段ボール芸を演《や》るんだ。ヘリコプターみたいな段ボールを被ったり、身体にいろんなものを巻いたり……。で、その段ボールを拵えるのを、自分の後輩芸人に頼んでいた……、そして、その後輩芸人が、

「あれは全部俺の作った作品なんだ」

と、訴えてきたという。で、多くの人が、

「もう中学生さんに、裏切られた。ショックだ」


［＊1］佐村河内事件…佐村河内守（さむらごうちまもる）は聴覚障害がありながら作曲家として成功していた。ところが2014年実は彼の曲はゴーストライター新垣隆が書いたものだと発覚した事件。

［＊2］新垣さん…新垣隆（にいがきたかし）。作曲家、ピアニスト。前述の佐村河内のゴーストライターとして殆どの曲を書いていたとのこと。

と、こう言っているんだけど、……金を払っているかどうかって、払っているんですよ。で、証拠の写真もあるらしいです。もう中学生から、その後輩芸人に、「今回こういうネタを演るから、こういう衣装を作ってくれ」って、丁寧に絵まで描いてある訳。で、お金払っている。……これ、業者に発注したってことじゃないですか？ これ（爆笑）。だって、……いやいや、ネタを提供してもらった訳じゃない。

こんな段ボールで精巧なモノを作りたいって、自分で作れなきゃ、他人《ひと》に頼みますよね？ それにはお金を払いますよね？ それをなんで、佐村河内事件なんだか、もう、意味が分からないです。あの陣内智則さんって人が、モニター使ってコントを演っているじゃないですか？ いろんな映像を使って。で、「このコントのモニターを作ったのは、俺だぁ！」

って、怒ってきたって、しょうがないでしょう？ じゃぁ、もっと分かり易く言ったら、わたしが着物着て、落語演って、……これだって、呉服屋に、「今回こういう着物が欲しいから、こんな唐山の着物で、色はこれにして、それで……」

って、注文します。お金払いますよね。で、わたしが『ひるおび』で、こう喋っていたら、着物屋が、

「この着物を作ったのは、俺だ！」（爆笑）
「そりゃぁ、そうだよ。アンタが作ったんだよ。だけど、金を払ってんだろ？」
って、それだけのことじゃないですか？　なのに、もう中学生が、今、叩かれているってのは、不思議でしょうがない。要は、その後輩芸人がクレジットを入れて欲しかったのを、はじかれたと……。まぁ、確かにそれは、着物屋からしたらば、「毎日、毎日、『ひるおび』に出ているならば、クレジットを入れてくださいよ」と、言ってきたのをわたしが、こう、はじきゃぁ、あれだけど……、でも、契約を結んでいる訳でも、なんでもないから、クレジットを載せなくてはいけないって義理がある訳ではないのでね。お金を払ってりゃぁ、それでいい。今、世の中おかしなことになっていますね。

私は子供の頃、随分変わった捻くれた子供なんで、そりゃぁ、素直な子供は、落語家《こんなふう》になりゃしません。そりゃぁ、捻くれまくったところへ立川談志に出会っちゃったもんだから（爆笑）、余計キューンと捻くれてしまったんだけど……。子供のときに、太宰治［＊3］の『人間失格』［＊4］を読んで、「あっ、……おれだな」って、思ったぐらい、捻くれていた（笑）。え～、そんな子供だったんで。潔癖症みたいのはありましたねぇ。人が箸を付けたモノには、絶対に、それが

［＊3］太宰治…小説家。1909年青森県生まれ。代表作『走れメロス』『人間失格』『斜陽』など。破滅的な生き方をして1948年入水自殺した。

［＊4］人間失格…「恥の多い生涯を送って来ました。」から始まる3編の手記の形で書かれている。太宰の破滅的生きざまそのものを連想させられる作品。

親でも、嫌だなぁっていう……。おにぎりも、まぁ、お母さんが握るぐらいは我慢して食べましたけれども、他人が握ったおにぎりなんてのは絶対に食べられない。え〜、寿司屋に初めて行ったときに、知らない親父がこうやって握ってて（笑）、それだけで、「ウゥ、オェー」（爆笑）でもって、子供の頃は食べられなかったというぐらいの潔癖症。

で、音楽の時間でもって、オバちゃんの先生だった、で、わたし、笛を忘れてしまって、したら、音楽の先生が、

「じゃぁ、私のを貸してあげます」（……笑）

先生の笛を出してくる。当然洗いに行こうとしたら、

「何？　どこへ行くんですか？」

って、言うから、

「いやぁ、笛洗《これ》いに……」

「……別に洗うことない」

「いやぁ、えっ……」

汚《バッチ》いとは、流石に子供は言えないから、

「いやぁ、だけど……」

こうやって、ハンカチかなんかで、拭こうとしたら、

「何やってんの!?　私はバイ菌なんか持ってませんよ！　そのまま使いなさい！」

もう気持ち悪いですよ（爆笑）、その先生の……。それで、『スケーターズ・ワルツ』[＊5]を、

「プープー、……オェ、オェ～（爆笑）。プープー、……オェ、オエェ～」（爆笑・拍手）

吐き気が音楽に、はまっちゃったりして、『スケーターズ・ワルツ』を見事に「オェ、オェ」で吹いた記憶がありますけれども（爆笑）。

今日はあの、大河ドラマ『金坊』という……、まぁ、最初はお馴染みの、この正月のいろんな噺家が演る『初天神』[＊6]。それがちょっと時代が前後しますけれども、この子供がどうやって成長していくかという、それを探る落語会でございますけれども。

「おい、ちょっと、おっかぁ、おっかぁ、羽織を出せ。いいから、ちょっと、羽織を出せ」

『初天神』へ続く

[＊5] スケーターズ・ワルツ…フランス人エミール・ワルトトイフェルの曲。日本での人気が高い。

[＊6] 初天神…熊は倅の金坊にせがまれて天神様にお参りに行く。神社に並ぶ露店で金坊は飴や団子をねだるが熊はなかなか応じない。この親子のやり取りが楽しい演目。

三代目三遊亭金馬の『藪入り』

２０２２年１月13日　第27回立川志らく落語大全集　国立演芸場　『藪入り』のまくらより

今日のこの金坊のヒストリーなんでございますが、先ほど演った『初天神』、そして、『花見小僧』[*1]、で、次に『藪入り』[*2]というのをこれから演るんですが、……『初天神』から、この小僧は、もう、しょうがないからといって、奉公させて、それから奉公先でもっていろんなことがあって、あの『花見小僧』になったという、そういう流れなんですね。

奉公のシステムというのは、昔はとにかく学問よりも、商人《あきんど》としてのいろんなものを仕込んだほうが良い、子供の内に奉公に出す。で、無給で働く訳ですよ。それで、年に1度とか2度、藪入りと言って、〝宿り〟[*3]、

「実家《うち》へ帰っていいよ」

と、……ですから、子供はもう嬉しくてしょうがない。で、無給ですから、小遣いが、まぁ、たまにもらうこともあるんだろうけど、あと収入を得るとしたら、当時はネズミがたくさん出たから、ネズミを捕まえて交番に持って行くと、それで、5銭とか、そういう小遣いをもらえた。その中にペストなんかで、懸賞金があると、5円、10円、15円という大金が出たなんて話もございます。

わたしが小学生の頃、おそらく11、12の頃ですから、昭和49年か、50年ぐらいのときに、テレビで、土曜日ですね、忘れもしない、本にも書きましたけれども、『8時だョ!全員集合』[*4]、カトちゃん[*5]が未だ全盛期の頃です。志

[*1] 花見小僧…〝おせつ徳三郎〟という長編人情噺の前半だけを演じる時にこのタイトルを使う。大店の娘おせつは奉公人の徳三郎といい仲、大旦那は店の小僧を問い詰めその2人の恋仲を聞き出す。

[*2] 藪入り…奉公人が主人から休暇をもらい実家に帰ること。そんな親子の風景を描いた演目。

[*3] 宿り…前述の実家に帰る日のことを呼ぶ。

[*4] 8時だョ!全員集合…コミック・バンドのドリフターズをメインに据えたお笑い番組。1969年から1985年までTBSで毎週土曜日に放送された。

村けん［*6］さんが出てくる前ですね。その裏のＮＨＫで、『懐かしの名人会』で、三代目三遊亭金馬の『藪入り』、……で、当時、テレビはウチには1台しかございません。それで、父親がチャンネル権を持っているってのは当然の話だったんで、この金馬の『藪入り』を観るんだと、……わたしはもう、ドリフターズを観たくてしょうがない。次の日に学校へ行ったって、話が合わないですからねぇ。だけど、

「落語を観るんだ」

って、映像は白黒です。でも、考えてみりゃぁ昭和48、9年で、金馬が死んだのは39年ですから、わたしの子供の頃はまだそういった、まだ、志ん生やなんかも昭和48年ぐらいまでは生きていましたからねぇ。

「ああ、凄い時代だなぁ」

と、思うんですが、……で、わたしは、その観たくもない金馬の『藪入り』、……知らないお爺さんが出てきて（笑）、で、白黒で、で、奉公がどうのこうので、藪入りがあった。知らないワードだらけですよ。で、落語ってものを全く分かんない訳。

だけど、こう、聴いているうちに、

「面白いなぁ……」

［＊5］カトちゃん…加藤茶。タレント。ドリフターズのドラマー。「カトちゃん、ペッ」を始め様々なギャグをヒットさせた。

［＊6］志村けん…1974年に荒井注の抜けたドリフターズに加入。この時代はほぼバンド活動はなくコントを中心に活動していた。1976年『東村山音頭』を歌い大ヒット、人気者となった。

ゲラゲラ笑ってねぇ、……そういうシステムが分からないのに笑って、ちょっとポロッと涙が出たりして……。

で、日曜、月曜で学校に行って、もう、クラスじゅうの皆に、

「カトちゃんより面白い人がいる」

「誰なの？」

「金馬、金馬」

なんて言って（爆笑）、

「誰それ？」

って、言って、

「凄《すげ》ぇ、面白いんだよぉ」

とか言ってね。

「ひとりで喋っているお爺さんが面白いんだよ」

って、言って、皆、ワァーッと盛り上がったりして。したら、誰かが、

「明日、金馬（テレビに）出るよ」

って、言ったら、

「そう！　今一番面白いのは金馬だから」（笑）

皆で、夕方のなにかのバラエティー番組で、金馬が出てくる。パァーッと、テ

［＊7］金翁…四代目三遊亭金馬。1955年三遊亭小金馬の時代にNHK『お笑い三人組』で人気を博す。1967年四代目金馬を襲名。2020年息子の三遊亭金時に金馬を譲り、自らは金翁と名乗った。2022年逝去。

レビの前で待っていたら、……今の金馬師匠、金翁《きんおう》［＊7］の、……小金馬の金馬師匠なんです。名前を継ぐってことを知らないから、もうその当時三代目金馬は死んじゃって、弟子の金馬に譲った訳ですよね、名前を。その小金馬の金馬が出てきて、……申し訳ないけれども、面白くなかった訳ですよ（爆笑）。よぉーく聴いたら、

「どっかで聴いたことがあるなぁ……」

っと、思ったら、アニメの『シンドバッドの冒険』［＊8］のオウムの声なんです。次の日学校に行ったら、皆に、

「オウムの何が面白いの？」（笑）

って、凄ぇひかれたことがありますけれども……。え〜、だから、未だに、今の金馬師匠に会うと申し訳ねぇなぁって気持ちになる（爆笑）。

まぁ、その頃、家にも落語のレコードがたくさんあって、もう擦り切れるほど聴きましたね。圓生師匠の『死神』［＊9］なんか、そのまんまコピーしましたし、馬生師匠の『花見の仇討』［＊10］だとか、それから、志ん生師匠の『お化け長屋』もコピーした。この三代目金馬の『藪入り』も、覚えようと思っている訳じゃないけれども、完コピして親戚の集まり、……正月かなんかに一席演ったりしてました。今でも、ちゃんと出来ますね。


［＊8］シンドバッドの冒険…アメリカ制作のテレビアニメ。１９６６年から１９６８年までフジテレビにて放送。オウムのソルティ役の吹き替えを四代目三遊亭金馬がやっていた。

［＊9］死神…貧乏な男が死神と出会い、おかげで大儲けをするが大事な約束を破った為、命を司る場所に連れていかれる。男の運命は……。という長編落語。三遊亭圓朝がグリム童話を翻案したものと言われている。

［＊10］花見の仇討…花見の季節、江戸っ子4人組は上野の山で素人芝居を打って見物人を沸かせようとする。ところが段取りはすべて外れて行く。という演目。

「(三代目金馬の口調で) かくばかり偽り多き世の中に、子の可愛さは真《まこと》なりけり。なんでも嘘で固めたような世の中でございますな。お子さんを可愛らしいと思う気持ちは、鳥獣に至るまで同じでございます。

『ほーらぁ、坊、灯《あか》、灯、キレイキレイだなぁ、坊。ほれ、ドンドコドンのドコドコドン、ドコドコドンのドンドコドン』

あれ、お子さんがあるからよろしいもんで、お子さんが一人もいないのに、お父つぁんが手を前にして一人でやったら、面白いでしょうなあ。

『ほーらあ、ドンドコドンのドコドコドン』

すぐ、病院に収容されてしまいます」(爆笑)

なんて(笑)、本当に瓜二つで出来たんでございますが、……今日は、その、この噺があったから、わたしは落語家になった……、プログラムに書きましたけれども、……要はこの子供、明日は家へ帰れる。嬉しくて嬉しくてしょうがない。だけど、待ち受けるお父つぁんとお母《つか》さんは、それにもう一遍輪をかけたような興奮の仕方で……。

「おう! おっかぁ!」

『藪入り』へ続く

無くても無くてもいい仕事

２０２２年４月13日　第28回立川志らく落語大全集　国立演芸場『長屋の花見』のまくらより

　コロナの影響がまだまだ続いているような状況で、……というのが、やっぱりお客がなかなか戻ってこないですね。地方なんかで独演会演《や》って、それまでは結構大きな会場《うつわ》でも、いっぱいになったのが、半分ぐらいしか入らなかったり、……で、この落語会も、コロナ前はチケット発売と同時ぐらい、長くても1日、2日でソールドアウト。なかなかチケットが手に入らないといっていたのが（笑）、……「当日券あります」という、そういう状況なんです。だから、ご高齢の方がなかなか落語を聴きには来なくなった。そりゃぁ、命懸けで志らくの落語を聴いたってしょうがないってことなんですけれどもね（笑）。

　まぁ、落語っていうのはね、世の中が本当に平和ボケぐらい、……それこそ江戸末期の『ええじゃないか』［*1］みたいな爛熟期に演るような、……というか流行るような、そういう芸能ですから……。

　世の中には、なくちゃならない仕事があると、……あっても無くてもいいような仕事もあると、……だけど、落語の場合は、無くても無くてもいい仕事だってことを（笑）、過去の名人が皆、口を揃えて言っています。その無くても無くてもいいようなモノに、一生を懸けているというのが、まぁ、内側から見ると粋に感ずるんですけれども……。

　まぁ、こういうコロナでもって、いつ自分が感染するのかも分からない。海の

［＊1］ええじゃないか…1867年、群衆が近畿地方から東へ向かい「ええじゃないか」などの掛け声とともに熱狂的に踊り歩いた、と言われる騒動。

向こうでは、未だ戦争をやっている。こういうギクシャクした世の中では、なかなか落語っていうのは、面白く呑気に聞けるようなものじゃないのかも知れませんが……。

お陰様でわたしも、めでたくコロナ感染を、このあいだいたしました（笑）。え～、談志がよく言っていましたね。

「（談志の口調で）芸人は、ブームに乗らないといけないよ」

って（爆笑）、ようやくブームに乗って仲間入りを、という……。かなり気をつけてはいたのでございますけれども、ウチには小っちゃい子供が居るので、で、学校だとか幼稚園は、……学校なんか今リモートで授業出来ますので、……幼稚園はなるべく行かせないようにしていた。もう、毎日のように幼稚園からメールが入ってきて、

「今日、何人感染しました」

みたいな、

「ああ、こりゃぁ、幼稚園に行かせないほうがいいなぁ」

と、……でも、お遊戯会があったのでございますよ。そうしたら、このお遊戯会に行って、そこで（コロナを）もらっちゃったんですね。小っちゃい子はもらって帰ってくると、これはどうにもならないですよ。小っちゃいんだから、家で

ずっと一緒に居る。マスクをしてる訳にもいかない。当然濃厚接触です。で、まぁ、最初、娘の具合が悪くなる。熱がある。咳をしている。で、簡易検査キットですか、……あれで朝、『ひるおび』に行く前にやってみたらば、コロナに感染していると、陽性が出た訳です。わたしも試しにやったら、陰性だったんで、……でも子供がかかったってことは、濃厚接触者だから、今日は『ひるおび』に行くことは出来ませんって言って、お休みにして、……ったら、他にそのとき仕事がいろいろあったんですよ。

今月演りますけれど、銀座のブロッサムの会、高田文夫先生がゲストで来るんですよ。その会もあったし、それからＳＭＡＰの中居君と共演する番組もあったし、あと山形で独演会があって、それから大阪でやっている……、東京以外で放映している『そこまで言って委員会』［＊2］っていう、前に辛坊治郎［＊3］さんが司会を演っていた滅茶苦茶なワイドショーがあるんですよ。そこで、志らく特集だったんですよ。

わたしが演っている落語を、……『粗忽長屋』だとか、『死神』だとか、『時そば』とか、それをポンポンポン流して、それで『死神』に合った時事ネタを、こちらのパネラーが喧々諤々と……。志らく特集なんですよ。だから、わたしは行かないといけない。もう、そういうときに人間ってのは、本当に汚いです

［＊2］そこまで言って委員会…関西、読売テレビなどの制作によるバラエティ番組。２００３年放送開始、当初は『たかじんのそこまで言って委員会』と司会のやしきたかじんの冠番組だった。たかじん逝去後のタイトルは、『そこまで言って委員会ＮＰ』。

［＊3］辛坊治郎…元読売テレビアナウンサー。後にフリー。前述の『そこまで言って委員会ＮＰ』のＭＣとして活躍した。

ね。もうどうやったって、濃厚接触者……、で、ワイドショーでもって、口からパァッと泡飛ばすようにして言っている人間なのに、

「なんとか仕事出来ないかなぁ……」（笑）

そう、考えるんですね。濃厚接触者……でも、あの、ちょっと別居していたことにならないかなぁ？　って、いろんな作戦を考える。それで、事務所とも連絡して、

「なんとかならないかなぁ？」

みたいな話をしていた。でも、その晩めでたく熱が出てしまって（爆笑）、

「あはっ、立派に感染していたなぁ」

と……。でも、このオミクロンというのは、普通の風邪とそんなに変わらなかったですね。熱は37℃5分ぐらいでしょうか。わたしは平熱が低いので、普段風邪をひいて37℃を超えると、もう、動けなくなる、そういう虚弱体質なんです。37℃を超えるとなんにも食べずに、猫や犬が病気を治すのと同じ、もう、2日間ぐらいズゥーッと寝て、水分だけ摂って、汗をかいて、それでこれを拭いて治すという、もう、そういう治療方《やり》なんですね。だけども、まぁ、37℃5分出たから、相当しんどい。その夜遅くに、38℃5分ぐらいまで出て、

「あ……、これはもう死ぬなぁ」

みたいな感じになって、……だけど、次の日になったら、37℃前後になって、3日目には、もう、平熱に戻って……。

で、食欲がないぐらいで、あとはもう、10日間、家でジーッと。……それで、当然、家族は全員感染ですから、もう、皆、どこにも行くことが出来ず、買い物はウーバーイーツと、あとは弟子に、こう頼んで……。で、東京都から、物資がドーンと段ボールで送られてきましたよ。どんなものが送られてんのかなと思ったら、そりゃぁ、ありがたいんですけれども、水……、まぁまぁ、これはイイんですけれども、カップ麺がたくさん入っている。

「なんで、身体が弱っているときに、カップ麺を食わすんだ？」

と、……カップ麺、普段はいいですよ。いろんなもので栄養を摂って、ちょっと夜食にとか、昼ご飯にちょっとカップ麺ぐらいならイイんだけど、身体が弱っているときに、カップ麺、……どうしてそういったときに、サツマイモだとか、そりゃぁ戦時中みたいだけど、芋とかだったら、今、電子レンジでもってチンすりゃぁ食べられる。どうにも、

「間抜けだなぁ」

と、あの、文句ばかり言ってしまいましたけれども、……まぁ、そんな状況で10日間、隔離をして復活をしたという、そんな状況でございました。

だから、このあいだ、恵さんに、……恵さんのところは倅が一人なっただけで、あとは誰も（コロナに）なっていないと、だからとにかく早く3回目のワクチンを打って、次は4回目だと。かからないように、かからないように、やっている。で、

「志らく師匠のところは、家族みんなかかっちゃったんでしょう？　……羨ましいな」

そう言ってましたね（爆笑）。段々世の中、そういう風になっていくのかも知れませんけれども……。

まぁ、今日は花見の落語でございまして、『長屋の花見』ということで思い出すのが、

談志最後の高座。麻生市民会館という、あの新百合ヶ丘、小田急線の。あそこで演った落語会、立川流落語会というのが最後だったんで……。わたしと、談笑と、それからパックンマックン［*4］が出ていて、談志がトリ。でも、もう、声が殆ど出ない。ピンマイクを襟《ここ》に付けて、それでもって声を拾うんだけれども、喉の、

「ぜぇー、ぜぇー、ぜぇー」

［*4］パックンマックン…漫才&コント・コンビ。1997年結成。アメリカ人パックンと日本人マックンという組み合わせの珍しさをギャグにも取り入れて知的な笑いを起こす。

て、いうのをピンマイクで拾っちゃうから、落語がもの凄く聴き辛い。それで、もう、体力……、入院していましたから、殆どない。場所も百合ヶ丘、川崎だから遠い。まぁ、なんとか来てはもらえるだろうけれども、最後にヒョイと顔を出して、2、3分挨拶と、それから談志の好きな、所謂、ジョーク、その一つ、二つを披露してもらえればイイやと、……そうすると時間的に余ってしまうから、制作者のほうから、

「志らくさん、二席演ってくれ」

と、……仲入りで一席、それから談志の挨拶の後に一席、あるいは、談志を立てるために先に一席演って、最後に談志がちょっと顔を出すと、……そういう風にプログラムを組んでいたんだけれども、仲入り後に談志がやってきて、

「師匠、わたし、二席演りますんで……」

って、言ったら、

「（談志の晩年の口調で）いぃ、いぃ……、いぃよ。俺が演るから……。いい！」

凄い不機嫌なんだ（笑）。折角こっちがもう一席演るって、

「いいっ！　イイってんだぁ」

それで、着物を着て高座上がって、二席演ったんですよ。50分ぐらい演ってましたね。ビックリしました。殆ど声は聞こえないような状態なんで、……そのと

きに演った落語が、『長屋の花見』と、それから『蜘蛛駕籠』という……。

　普段、まず演らない落語なんですよ。皆、楽屋のほうで驚いて、

「なんで、『長屋の花見』に、それに……、えっ、『蜘蛛駕籠』なんだろう？　へぇ？」

　って、皆、驚いた。わたしは談志のことをちゃんと知ってますから、『長屋の花見』というのは、小さん師匠、……自分の師匠の小さん師匠に最初に稽古をつけてもらった噺なんですよ。で、『蜘蛛駕籠』というのは、談志が二つ目になって、落語評論家から評価をされた、初めて談志の落語ってものが、世間に評価された最初の作品、……それが『蜘蛛駕籠』。それを一席ずつ演ったたってことは、……その前に談志は自宅に戻って、それで、大好きなミュージカルの映画、……DVDがあるじゃないですか？『雨に唄えば』など、『イースター・パレード』だとか、ああいったものをちゃんと観て、それから捨てたんですね、断捨離。ちゃんと、もう、これは二度と観ることはないから、お別れを、……アステアだとか、ジーン・ケリーと、お別れをしているんです。ということは、「落語にも師匠は、お別れをしているんだ。あ、だから『長屋の花見』なんだ。はぁ〜、『蜘蛛駕籠』なんだ」

　と、わたしは感動しているんです。そうしたら、キウイ［*5］かなんかが横で

［＊5］キウイ…立川キウイ。1990年立川談志に入門。前座生活16年は最長記録とのこと。2011年真打昇進。

観ていてね。
「はぁ、あの、やり慣れないネタをここで演って、次の自分の『ひとり会』にかけるつもりなんですかねぇ」（爆笑）
って、訳の分からねぇ、頓珍漢なことを言ったりしてね。
それから、暫く経ってから入院して、喉を、……声帯をとって、それから半年後に亡くなるという……。ですから、『長屋の花見』っていうのは、わたしにとってもの凄く思い入れのある、……まぁ、普通にやったら、もう。面白い噺でもなんでもないんでございますけれど……。

え～、貧乏長屋。これなんか、本に書きましたけれども、……普通の貧乏長屋、なんか『桃太郎侍』［＊6］とかに出てくるような長屋をイメージするから、面白くない。聴いているお客も、おそらくそれをイメージするだろうし、演っている落語家も、皆、年齢が若いですから、貧乏長屋なんか当然知らない。そりゃぁ、名人・志ん生師匠は、『びんぼう長屋』と『なめくじ艦隊』［＊7］って、本を書いたぐらいで、凄いところに住んではおりましたけれども、なんとなく時代劇に出てくる、……テレビの時代劇に出てくるような長屋を想像するんだけれども、そうじゃない。黒澤明［＊8］の『どん底』［＊9］の世界……。

［＊6］桃太郎侍…山手樹一郎作の時代小説。何度かの映画化の後、1976年からは高橋英樹を主演に日本テレビにてドラマ化された。

［＊7］なめくじ艦隊…『なめくじ艦隊～志ん生半生記～』1956年発行。本所業平橋の大きななめくじが出るという通称〝なめくじ長屋〟に住んでいた。

［＊8］黒澤明…映画監督。1950年『羅生門』ヴェネツィアの映画賞を受賞。『生きる』『七人の侍』『用心棒』などを始めその作品は国際的に高い評価をうけた。

［＊9］どん底…黒澤明1957年作の東宝映画。ゴーリキーの同名戯曲を翻案、舞台を江戸の長屋に置き換え制作した。

この『どん底』を撮る際に、……撮影をする際に、志ん生をスタジオに呼んで、キャスト、それからスタッフの前で、『長屋の花見』を一席演らせて、黒澤明が、

「僕が、今回、撮る映画は、このイメージなんだよ」

と、伝えたぐらいなんでございますね。

ですから、この『長屋の花見』に出てくる貧乏長屋ってのも、本来はその『どん底』に出てくるような、……もう、社会の本当に底辺、一番底で暮らしているような、そんな人間だと思って、観ているとなんとなく、噺の面白さってのは浮かんでくるんですけれども……。

『長屋の花見』へ続く

ユーチューブ、はじめました

２０２２年４月13日 第28回立川志らく落語大全集 国立演芸場『花見の仇討』のまくらより

近頃、ユーチューブっていうのを始めて、……最初仲間にいろいろ手伝ってもらって、……わたしはそういうネット関係とかまったく分からないので……。

ただ、スマホですか、……あれでメールとかねぇ、それはもの凄く速いんですよ、打つのが。原稿まで、それで書いちゃう。芝居の台本、1本ね、全部スマホで書いてますから。今、小説もね、……私小説を書いているんだけれども、10万文字ぐらい。編集者の人が、

「あの、どうやって書いたんですか？　パソコンですか？」

「いえ、いえ、スマホで……」

「10万文字！　本にしたら、400頁ぐらいあるものを、全部スマホですか？」

もの凄く速く書くことは出来る。ただ、その、ネットがなんであるのか？　Wi‐Fiがなんであるのか？　もう一つも分からない、なんにも分からない。で、そのユーチューブってのも、殆ど見たことがない。ユーチューブで見るとしたら、昔の懐メロを検索して、藤山一郎の歌を聴いたりとか、それから美空ひばりを聴いたりだとか、あと映画のワンシーンで、

「なんかイイのがないかな？」

とか、その程度で、……所謂、ユーチューバーという人たちの演《や》っているものは、見たことがないんですね。

そりゃぁ、フワちゃんと仲良くしているけれど、フワちゃんがユーチューブで何を演っているのかも知らない。……というか、見方が分からない。

そのぐらい疎かったんで、ただ、『ひるおび』だとか、テレビなんか出てると、自分の言いたいことは全部抑えなくちゃいけないって、その苦悩があるんです。もっとパンパンパンパン言いたいと、……それを言うために、

「じゃぁ、ユーチューブがあるから、何でも語ってみよう」

と、……で、テレビと違って、放送コードがないから、結構イイだろう。パァーッといろいろ喋っていたらねぇ、いきなり、

「ダメです！」

って、なんか警告が来て、

「なにがダメなんだろう？」

って、思っていたら、もう少しで、アカウントを凍結されそうになったりして、

「ああ、これも、放送コードみたいなものがあるんだなぁ」

と、……それで、最初は仲間が全部やってくれた。お膳立てしてくれて、それから編集もやってくれて、撮影もやってくれてね。字やなんかも全部入れてくれて……。だけど、わたしは我が儘なんで、これはもう、とにかくツイッター感覚で、

「毎日演ろう」

と、……もう、思いついたら、自分の家で、パッとカメラ置いて、パァーッと。仲間も毎日は付き合っちゃられないから、

「じゃぁ、一人で演るよ」

と、……で、自分で、ユーチューブ……、(ネットに)やり方とかあるんですよ。皆がちゃんと丁寧に教えてくれるんですよ。説明書が無いのに、ちゃんとユーチューブで誰かが教えてくれる。

「この編集は、こう……」

それをやっているうちに、……その辺は結構器用なのか、ドンドンドンドン覚えて、今、毎日毎日更新しているんですけれども、全部自分で編集して、自分で音楽をいれたりして、いろんなことを、こう、演っているんですね。

ただね……、全然再生回数が伸びないんですよ(爆笑)。

わたしがSMAPのことを語ったりね、M-1[*1]のランジャタイ[*2]だとかね、M-1のお笑い芸人のことを語るとね、それが10万回とかねぇ、2万、3万、こうやって、回ったりする。わたしが好きなねぇ、映画の話とか、……全然回らないですよ(笑)。

このあいだね、『ひるおび』で〝三角食べ〟[*3]ってありますよね? 三角食

[*1] M-1…『M-1グランプリ』。吉本興業と朝日放送テレビ主催による漫才日本一を決める生番組。2001年開始以来2010年まで放送。一度休止の後2015年に再開し現在に至る。志らくは2018年から審査員を務めている。

[*2] ランジャタイ…2007年結成のお笑いコンビ。不思議な芸風で人気を博す。

[*3] 三角食べ…学校給食の基本とされる食事の仕方。主食→汁もの→おかず、と繰り返す軌跡が三角となることからこう呼ぶ。

べ。わたしが子供の頃、学校やなんかで教わった。それが話題になった。その三角食べについて、ちょっと語った、食について。したら、それは、700回くらいしか回らない。

「ああ、こういうのは、皆、興味がないんだなぁ」

って、思った。で、わたしがね、アル・パチーノ〔＊4〕について『スケアクロウ』〔＊5〕を語った。……200回しか回らないんです（爆笑）。三角食べよりも世間が興味がないの。

今、どういう映画を皆が見たがっているかということを語れば、皆が見るんだろうけれども、……わたしが幾らアル・パチーノが好きだからといって、アル・パチーノを語っても、もう80を過ぎた昔のスターですから、……そこで、

「ヒッチコック〔＊6〕のジェームズ・スチュワート〔＊7〕主演の『めまい』が凄い」

なんて言っても、何のことだかも、もう、分からない。だから、若い子にとっては、もう、お坊さんのお説教と同じぐらいの感じなんでしょうね？

で、ウチのカミさんは、比較的ユーチューブを見ているので、

「何で、おれのを見ないの？」

「……いや、語っているからだ」

と、

〔＊4〕アル・パチーノ…アメリカの俳優。1972年『ゴッドファーザー』で人気を獲得。『狼たちの午後』など多くの映画に出演。1992年『セント・オブ・ウーマン／夢の香り』でアカデミー主演男優賞受賞。

〔＊5〕スケアクロウ…1973年のアメリカ映画。ジェリー・シャッツバーグ監督。主演ジーン・ハックマンとアル・パチーノ。

〔＊6〕ヒッチコック…アルフレッド・ヒッチコック。イギリスの映画監督だが主にアメリカで活躍。多くの名作サスペンス映画を生んだ。『裏窓』『北北西に進路をとれ』『サイコ』『鳥』他。アカデミー監督賞には5度ノミネートされたが受賞はなかった。1980年逝去。

語るな？

立川志らくに向かって、「語るな」ですよ（爆笑）。

「語るな」

「えっ？」

「語ったら、誰も見ない」

したら、ウチの小学生の娘も、

「パパ、もっと面白いことをやったほうがイイよ（笑）。私と一緒にブランコかなんかに乗っていると、もっと、皆、見るよ」

そりゃぁ、そうなのかも知れないけれど、わたしは語りが稼業なの（笑）、語っちゃダメだと……。で、他のユーチューブをいろいろ、

「どんなのやってんだ？」

って、見てみたら、なんか知らないサラリーマンのオジサンがねぇ、顔を半分隠してねぇ、日本全国いろんなところへ行って、ただ、飯食ってんですよ。……それが、40万回っているんですよ（笑）。韓国の家族がねぇ、ドァーッて、なんか焼きソバとかね、キムチだとかね、ビビンバを毎回もの凄い食っている。それ100万回くらい回っているんですよ（爆笑）。わたしが、アル・パチーノを語ると200回しか回らない（笑）。どういう世界なんだと。つまり語っちゃいけないんだ。

前にプログラムにも書きましたけれども、フワちゃんに、

［＊7］ジェームズ・スチュワート…アメリカの俳優。その風貌と演じる役柄から「アメリカの良心」と呼ばれた。1941年『フィラデルフィア物語』でアカデミー主演男優賞受賞。『裏窓』『めまい』他に出演。

「再生回数を伸ばすにはどうしたらいいのか?」

「アタシとトランポリン、志らく、飛ぼうよ」

わたし、そんなことをしたいが為に、芸人になった訳じゃないんでね(笑)。

じゃぁ、わたしには落語、……ワタナベエンターテインメント公式チャンネルで演っている『死神』なんか、米津玄師の『死神』[*8]って歌が流行ったから、60万以上、回っているんです。『子別れ』も、20万だか、30万回って、それで『火焰太鼓』なんて世間の人はもう字も読めないぐらいの……、あれでも、7万回とかね、『らくだ』でも、5、6万回回っているんですよ。ということは、世間の人はわたしに落語を求めているんですよ、そりゃそうですわね(爆笑)、そんなことは、今更気がつかれたって当たり前です(笑)。落語を演るからお客が来ている。わたしはここで、映画やアル・パチーノを語っていたら、誰も来やしないんで、それと同じことなんですよ。

だから、要はわたしは落語を演るしかないんだなと……。でも、落語ってのは、わたしにとっては命ですから、落語を演ることによってお金をもらっている。それをユーチューブでタダ聴かせるってのは嫌だなぁってのが、どっかにある、昔の人間だから。そりゃぁ、タダで聴かせている訳じゃない。それが再生回数が増えて、登録者数が増えれば、それがお金になるんだけれども、落語っての

［＊8］米津玄師の『死神』…2021年6月発売。落語の『死神』を題材に米津自身が作詞作曲したビートたっぷりのロック作品。

はライブですから、生で聴いてわざわざコロナ禍でも足を運んで、それで志らくが喋る。ときに間違えることもある。調子が悪いこともある、いろんなのを生で観るから面白いのを、ユーチューブでタダ聴かせるってのは、どうも、わたしのなかでは納得出来ない。ウチのカミさんも、

「早く落語演ればいいのに、落語演ったらドンドン再生回数回るよ」

と、

「それでも、嫌だなぁ……」

で、わたしは根が利口ですから、ユーチューブ落語っていうのを自分で考えつきましたので……。どんな落語でも、わたしは、昔、ジェットコースター落語っていって、もう、『芝浜』でも7分ぐらいで語った男でございましたから（笑）、……わたしが『芝浜』を普通に語って25分。一緒に二人会を演った談春兄さんの『たらちね』が45分、向こうのほうが長かったって話がある（笑）。なんでも短くする編集能力があるので、……それじゃぁ、ちょっと釈台を前に置いて、それで着物ではなくて洋服で両胸《ここ》に紋を付けて、それで10分ぐらいで落語を語って、……わたしも編集能力が付いてきましたから、ここはバァーンとアップを入れてみたり、ちょっとガァーッと白黒にしてみたり、音楽をダァーン、雷をガラァー、効果音を入れたり、

「あっ、ユーチューブ落語ってのを演ると、再生回数がきっと伸びるんではないかな?」

来週から配信をいたします(爆笑)。ようやく数カ月かかって気がつきました。これで、再生回数が伸びなかったら、こんなことはやってられないっていうだけのことなんですけれど。

続きましては、『花見の仇討』という、……先ほどの貧乏長屋の中に登場した人間が次の年に花見でいろいろ騒動を巻き起こすという……。まぁ、花っていうのは、今はコロナ禍でお花見が禁止になっているじゃないですか? 上野公園だとか、飛鳥山だとか、ああいったところへ行っても、こうやってパァーッと敷いて、そこでもって酒を飲みながらって、あれはもう今は、原則禁止。

要は皆で花を見ましょう……、本来の花見ってのは、見上げてちゃんと花を見るのが花見、その流れでもって、ちょいと飲みましょうという……。だから、目的が飲むじゃなくて、見るだったのに、え〜、いつの間にか、もう、花見ってのは飲むほうが第一義になっちゃって……。でも、このコロナ禍になって、ちゃんと皆が花を見るようになった。これは、とってもいいことだなぁと思いますけれども……。

「おめえ、あの、花見行った?」

「行った。行った」

「どこ行ったの?」

「上野」

「はぁーん、どうだった?」

「凄かったねぇ〜。うん、もう大変な人だぁ。こっちで喧嘩が出るわねぇ。女は泣いてるしね。もう、泥棒が出たりね、もう、唄っているいるしね。中には、よう、猿股一丁でもってさぁ、大騒ぎよ!」

「はぁ〜」

「とにかく、凄かったねぇ」

「花はどうだった?」

「……花、あったか?」

これが昔からある小噺でございます。

『花見の仇討』へ続く

本当は落語なんか演っている場合ではない

２０２２年7月13日 第29回立川志らく落語大全集 国立演芸場 『寝床』のまくらより

【まくらの前説】

安倍晋三銃撃事件……２０２２年7月8日、奈良県奈良市で、元内閣総理大臣で自由民主党所属の衆議院議員・安倍晋三が選挙演説中に銃撃されて死亡した。

あんまりに世の中が、こうざわついているときに、落語っていうのは演《や》り辛い。本当に平和で、平和で、平和ボケした状況の中で、一番合う芸能でございますから。コロナが増えている。それから元総理大臣が、ああいう非業の死を遂げてしまう。本当は落語なんか演っている場合ではないのですね。

わたしは、安倍元総理という人は、なんかもの凄く支持をしていたとか、もの凄く批判をしていたとか、そういうのはあまりないので、でも、まぁ、一部をこう切り取られるので、……何かの雑誌の、「安倍総理の御用達タレントベスト10」入りを3年続けて達成をしたというね（笑）。

「そんなになんか、安倍さんのことをいろいろとこう誉め称えたかなぁ？」と……。


なにかこう芸人ですから、そんな芯を以て、「わぁぁぁ（指差して）」なんて、そんなのは無いので、なにかこう、ちょっとおちょくれるようなものがあったら、ちょこちょこっとくすぐる程度の考え方なんで、……それでも、ああいう亡くなり方をすると、心穏やかじゃありませんよね。

「まさか……」

芸人はなんでも笑いに変えなくちゃいけないんだけども、やっぱりこういった人の死みたいなものは、まだまだ、笑いに変えるような、え〜、モノではございませんから、本当はもっと世の中が平和になって、戦争も無いし、コロナも無いし、政治家なんかは本来は叩かれる為にあるようなものなので、そういったときに、こう、突っついていれば、面白いのかも知れませんが。落語っていうのはそういったときに演るもんで、……うん。

世の中には毎度言う通り、なくてはならない仕事というものがあって、それがコロナでよく分かりました。医療関係、それから飲食、これは絶対になくちゃならない。

あっても無くてもいいっていう仕事がある。これは主なのが、芸術だとか、エンターテイメント、あっても無くてもいい。

そりゃぁ、ある人にとっては、この芸術、で、この音楽、この映画、これはないと困る。でも、興味のない人からすると、別に無くなったってどうでもいい。あってもなくてもいいという、それが、エンターテインメント、芸術でございます。

じゃぁ、落語ってのは、あっても、無くてもいいのかっていうと、……そうじゃないんですね。落語ってのは、無くても無くてもいいんです(笑)。無くても無くてもいい芸能なんですね。え〜、というのは、落語の面白さを知っている人ってのは、２パーセントもいないそうですよ、全国民の、ええ。そりゃ、落語はもちろん知っています、皆。ある程度の大人になったら、「落語ってなぁに？」っていう人は殆どいない。着物を着て、右を向いて左を向いて、なんかこう喋っている……、古い昔の噺をしている、なんか地味なオジサンみたいな、そういうイメージはちゃんとあるんです（笑）。だから、落語の知名度は高いんだけれども、「落語ってのは面白いよ」って知ってるのは、本当に2パーセント弱……、だから、落語がある日突然パッと無くなっても、その2パーセント弱の人が悲しむだけで、残りの98パーセント以上の人は、なんーのショックもない訳で、普通に生きていくことが出来る訳ですよ。

だけど、無くても無くてもいいようなその芸能に、人生を懸けている落語家が居て、それが何より面白いと思って大枚を払ってわざわざ聴きに来る今日のお客さんみたいな知的レベルの高い（笑）、……人が居る訳なんで。

まぁ、落語ってのはこの先、どうなっていくのか？　日本人が日本人である限り、落語ってのはずぅーっとあるんでしょうけども、……近頃は人情だとかそういうのが段々段々分からなくなって、ホリエモンみてぇのが出て来るとね（笑）。もう、そういうのが分からなくなっちゃうと、今はいいですよ、ホリエモンみたいな、ひろゆきさんみたいな、なんか不思議なああいったモンスターみたいな人が居るじゃないですか？　ああいった人が、ポンポンと居る分には面白いけれども、ああいった考え方をする人が、もう、大体8割9割ぐらいになったら、おそらく落語なんてものは無くなっちゃいますよね。

ひろゆきさんとは仲がいいので、対談したときに、

「もっともっと、落語を広めるには、どうしたらいいですか？」

ったら、

「志らくさんが大金持ちになって、それを世間に広めればいいんだ」

と、

「髪を染めて、もの凄いアルマーニの服を着て、それで、外車に乗って女の子をはべらかせて、そうすると皆が憧れる」

って、どういうことなんだ（笑）？　そんなもんなんだ、世間の落語に対するイメージなんていうのは。

これから申し上げます噺、今日はシネマ落語で、いろいろとこう繋がっていく、……もう、どうでもいいような噺……。要は、芸能の中でも落語よりももっともっと知名度が低い、だけど、好きな人にとっては、もの凄い深い、義太夫という、……義太夫といったって、若い子はもう何だかよく分かりませんけれどもね。義太夫だとか、それから、能狂言だとか。

狂言……、狂《くる》う言葉……、ウチのカミさんが高校生のときに学校でもって、狂言教室ってよくありますよね、そういったの。

「狂言教室が来た」

と、それで皆で聴かなくちゃいけない。でも、狂言がなんであるか分からない。

「何なんだろう？　狂言。狂う言葉……、あっ、頭のおかしい人たちが演る（笑）。そういう気の毒な芸能なんだ」

と、それで、観ていたら、

「うぇいいやぁ～、あらほでててぇ～」

って、こう演ったら、

「ああ～、ちゃんと喋ることが出来ないんだ。頑張れ！」（爆笑）

って、思わず応援しちゃったって、訳が分かりませんですけれども……。

「未だ青い　素人《しろうと》浄瑠璃玄人《くろ》がって　赤い顔して　奇異《きい》な声を出す」

という、これから申し上げます噺は、義太夫に人生を懸けた、とある大家《たいけ》の旦那と、それを聴かされる奉公人と長屋の店子の地獄物語でございます……（爆笑）。

『寝床』へ続く

解説

ブレイク前もブレイク後も一貫している志らくの「面白い時事放談」

広瀬和生

今ではすっかりテレビタレントとして有名になった立川志らく。彼は寄席の世界が低迷した1990年代に「落語は一流のエンターテインメントだ」と若い世代に強くアピールした、現代的古典落語の革命児だった。志らくは古典の枠組みの中で現代的なギャグセンスを存分に発揮、その後の落語界に大きな影響を与えた。今でこそ古典に現代のギャグを入れることは当たり前だが、当時はそれを「邪道」と決めつける向きも多かった。その風潮の中で志らくが奮闘したことは、21世紀に落語界が興隆を迎えるための重要な「地ならし」だったと言える。

志らくはまだ二つ目の1993年、フジテレビの深夜枠で放送された『落語のピン』（立川談志を中心とする落語番組）で「こんなに面白い落語家がいたのか！」と注目された。同世代の落語家の中では人気・実力ともに抜きん出ていた志らくは兄弟子の立川談春を追い越して先に真打になり、着々とファン層を広げていった。

だが21世紀に入ると「落語ブーム」の波に乗って談春が一気にブレイク。自伝的エッセイ『赤めだか』の大ヒットで全国区の人気を獲得した談春は2014年に『ルーズヴェルト・ゲーム』、2015年に『下町ロケット』とテレビドラマに出演。2015年12月には『赤めだか』がテレビドラマ化され、嵐の二宮和也が談春役を演じた（志らく役は濱田岳）。志らくは知名度という点で談春に大きく水をあけられてしまった。

だが、そこから「タレント」志らくの快進撃が始まる。

昼のテレビ情報番組『ひるおび』で2016年10月からレギュラーコメンテーターとなった志らくは、2017年度上半期テレビ出演本数ランキングの「ブレイクタレント」部門で一位に輝くと、様々なバラエティ番組に進出して「テレビで売れた芸能人」の仲間入り。2019年9月30日からは『ひるおび』の他に朝の情報番組『グッとラック！』でMCを担当することになる。この時点で志らくの知名度は落語家としてはトップクラスになったと言っていいだろう。

だが、いくらテレビで忙しくなろうと、志らくはあくまで強烈な落語愛に突き動かされる「全身落語家」。落語の仕事のペースは落とさず、高座の内容にも影響はない。2017年には、上下を切って人物を演じる「落語」と演者が観客に語りかける「独り語り」、そして「一人芝居」を総合した独自の新作落語を語る「志らく独り会」という画期的な試みも始めている。

本書は、タレントとして名を売るようになる直前の2015年から『ひるおび』でのブレイクを経てコロナ禍の時代へと突入していった時期の、志らくの独演会でのマクラを集めたものだ。

若い頃から志らくの時事マクラは面白かった。落語のマクラで時事ネタの漫談を語ることを始めたのは立川談志で、志らくも当然その影響下にあるけれども、談志のように強烈な毒を吐くのではなく、あくまで「面白い時事放談」。テレビのコメンテーターとしての志らくの発言は、僕のように1990年代から志らくの高座を追いかけてきたファンからすれば「普段の志らく」そのものだ。本書を読めばそれがよくわかる。ブレイク前もブレイク後も一貫している志らくの「面白い時事放談」をお楽しみいただきたい。

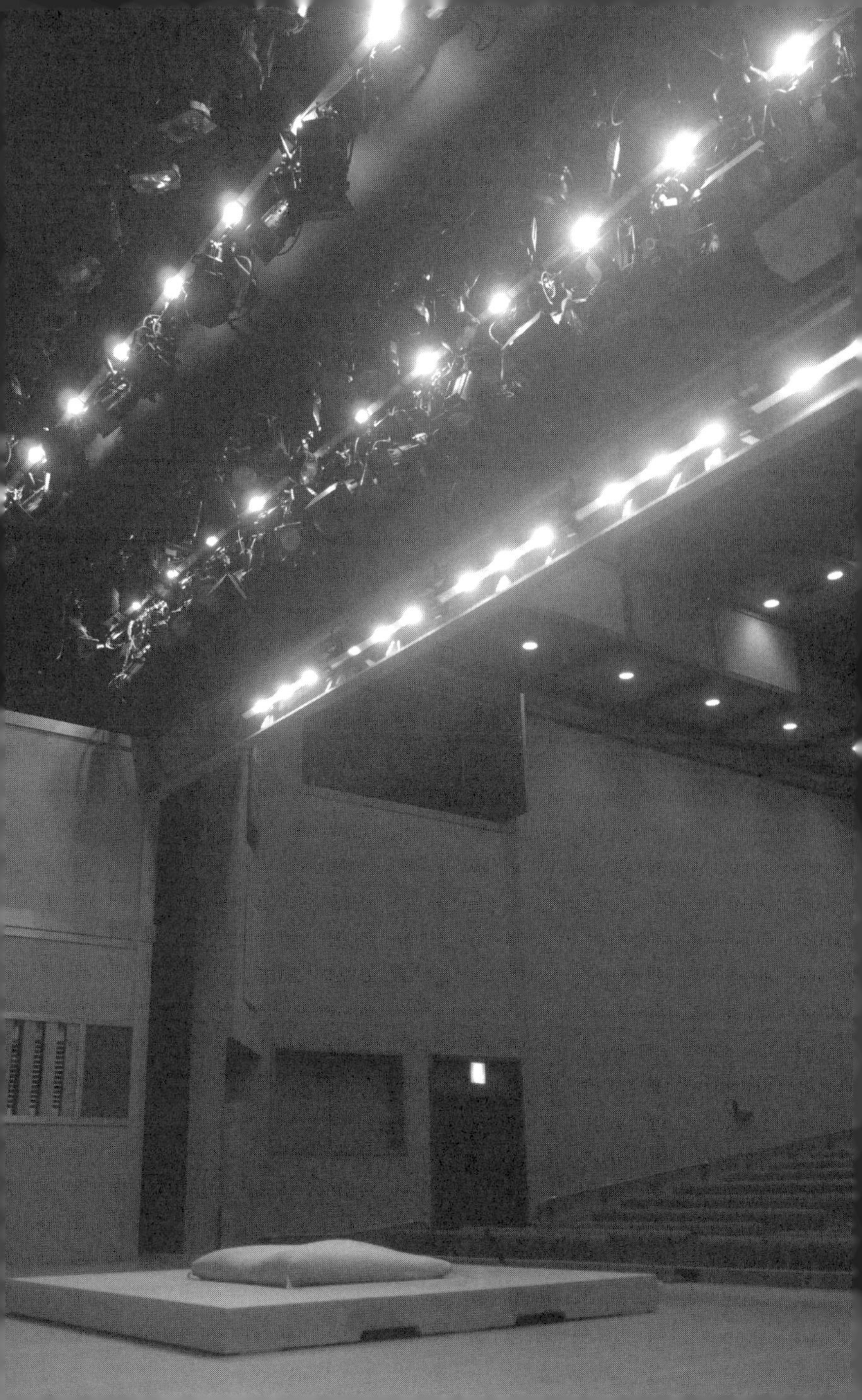

QRコードの使い方

■ 特典頁のQRコードを読み込むには、専用のアプリが必要です。機種によっては最初からインストールされているものもありますから、確認してみてください。

■ お手持ちのスマホにQRコード読み取りアプリがなければ、iPhone は「App Store」から、Android は「Google play」からインストールしてください。「QRコード」や「バーコード」などで検索すると多くの無料アプリが見つかります。アプリによってはQRコードの読み取りが上手くいかない場合がありますので、いくつか選んでインストールしてください。

■ アプリを起動すると、カメラの撮影モードになる機種が多いと思いますが、それ以外のアプリの場合、QRコードの読み込みといった名前のメニューがあると思いますので、そちらをタップしてください。

■ 次に、画面内に大きな四角の枠が表示されます。その枠内に収まるようにQR コードを映してください。上手に読み込むコツは、枠内に大きめに納めること、被写体との距離を調節してピントを合わせることです。

■ 読み取れない場合は、QRコードが四角い枠からはみ出さないように、かつ大きめに、ピントを合わせて映してください。また、手ぶれも読み取りにくくなる原因ですので、なるべくスマホを動かさないようにしてください。

※ 携帯端末（携帯電話・スマートフォン・タブレット端末など）からの動画視聴には、パケット通信料が発生します。

立川志らく師匠の独演会『立川志らく落語大全集』より、
本書未収録のまくらを耳で聴いてお楽しみください。
本コンテンツは、下記の音声ファイルと静止画で構成されております。

① 2015年4月13日 国立演芸場 第2回 立川志らく落語大全集
『たらちね』のまくらから 娘さんと参加している幼児教室の話題

② 2022年10月13日 国立演芸場 第30回 立川志らく落語大全集
『不精床』のまくらより 2022年9月30日に逝去された六代目三遊亭円楽師匠との思い出を語る。

進化する全身落語家
時代と芸を斬る超絶まくら集

2023年1月2日　初版第一刷発行

著者　立川志らく

解説／広瀬和生
構成・注釈／十郎ザエモン
カバーデザイン・組版／ニシヤマツヨシ
校閲校正／丸山真保

協力／株式会社ワタナベ エンターテインメント

編集人／加藤威史
発行人／後藤明信
発行所／株式会社竹書房
〒102-0075 東京都千代田区三番町8-1
三番町東急ビル6F
e-mail : info@takeshobo.co.jp
http://www.takeshobo.co.jp

印刷・製本／中央精版印刷株式会社